AF562853

ALBERTO PUCHEU

A FRONTEIRA DESGUARNECIDA

oca

Lisboa, 2020

COORDENAÇÃO EDITORIAL
Sergio Cohn e Ana Paula Simonaci

PROJETO GRÁFICO E FOTO DA CAPA
Sergio Cohn

ISBN 978-658-69620-5-5

OCA EDITORIAL
REVISTAS DE CULTURA
Lisboa - Portugal

www.revistasdecultura.com

5 **APRESENTAÇÃO,** por Sergio Cohn

NA CIDADE ABERTA (1993)
7 da condição primeira
8 na cidade aberta

ESCRITOS DE FREQUENTAÇÃO (1995)
10 na cidade aberta, escritos

A FRONTEIRA DESGUARNECIDA (1997)
15 a fronteira desguarnecida
16 lascaux
17 dedicado a um livro de rené char, nunca aberto, na biblioteca da maison de france do rio de janeiro
18 poema em vão (ou poema ungulado)

ECOMETRIA DO SILÊNCIO (1999)
19 poema ungulado, nº 2
20 nascido na segunda metade dos anos 60
21 amor fati

A VIDA É ASSIM (2001)
22 vale do socavão
23 tudo acontece agora pela primeira vez
26 de prêmios, armadilhas e outras coisas
27 tradução livre de um poema de lyn hejinian

ESCRITOS PARA O LADO DE DENTRO DAS LENTES DOS ÓCULOS (2005)
30 clarice lispector
31 fernando ferreira de loanda
32 autobiográfico

MAIS COTIDIANO QUE O COTIDIANO (2013)
33 minhas amizades de hoje são feitas como antigamente
34 sem mim, nada disso seria possível
35 é preciso aprender a ficar submerso
37 poema para ser lido na posse do presidente
42 o testemunho da menina da boneca de kafka
45 k.
47 o livro de hoje do amor
63 autobiografia no abismo de um enjambement

PARA QUE POETAS EM TEMPOS DE TERRORISMOS? (2017)
65 para que poetas em tempos de terrorismos?
71 a testemunha
74 naquela época
76 divina comédia humana
78 vale do socavão
81 vale do socavão

EM OFF (2017)
83 em off (escrito com danielle magalhães)

93 **ENTREVISTA COM ALBERTO PUCHEU**
129 **SOBRE O AUTOR**

APRESENTAÇÃO
Sergio Cohn

Uma imagem perpassa toda a poesia de Alberto Pucheu: a fronteira desguarnecida. Como num exercício permanente de abertura a outros possíveis, Pucheu vai, poema a poema, livro a livro, borrando ou ampliando os limites da poesia, estabelecendo relações abertas com outras formas de pensar e expressar, tensionando noções de autoria, subvertendo a respiração própria e do leitor, a fala e a forma.

Desde o seu primeiro livro, quando as múltiplas vozes da cidade invadem o texto, a trajetória de Pucheu segue experimentando o desguarnecimento no corpo e no pensar do poema. Um exercício que se radicaliza quando, na virada do século, propõe os "Arranjos" como dispositivo da poesia, suprimindo a voz do poeta para transformá-lo em um articulador de frases alheias, retiradas de diferentes contextos – da rua, da mídia, da crítica. Esse exercício radical de quebra autoral segue permeando, de forma explícita ou não, a obra de Pucheu, e dá outro salto com o poema "Em off", onde a autoria se divide radicalmente entre dois poetas em construção conjunta – como afirma na entrevista que encerra o presente livro, hoje ele mesmo teria dificuldade de saber o que efetivamente escreveu do poema e o que é de autoria de Danielle Magalhães.

Mas não é apenas aí que a natureza do poema é colocada em questão. Pucheu sempre tratou de confrontá-la com outros gêneros, como a prosa, as artes visuais e os fragmentos ensaísticos. Mais do que isso, há em Pucheu o esboroamento das relações entre poesia e vida, poesia e filosofia, poesia e política. "E", "a palavra mais ininteligível da linguagem inteira", como diria Fichte, é uma constante na sua poesia. A ampliação do campo expressivo da poesia vem, desta forma, não por territórios agregados, conquistados, híbridos, mas como campos relacionais que se abrem. Um diálogo não-colonizante. Este é um ponto importante. Há, em diversos momentos na arte, a tendência que uma linguagem se torne protagonista, absorvendo as outras linguagens dentro dela e transformando tudo em si. O trabalho de Pucheu é oposto: transformar o si em outro, estabelecendo trocas e trânsitos.

Desta forma, a poesia de Pucheu se coloca radicalmente imbricada com o contemporâneo. Ainda mais do que isso, é uma obra que tratou de questões que iriam aparecer mais claramente na poesia apenas uma década depois da sua estreia em livro, em 1993, com *Na cidade aberta*. A poesia brasileira de então tem sido ainda hoje vista, pelos campos predominantes da crítica, como marcada pela ironia, pela concisão e pelo rigor. Uma leitura atenta de Pucheu, assim como de outros autores surgidos naquele período, mostra que o cenário é mais rico e complexo. Havia, em paralelo, diversas outras experiências, onde a consciência formal presente não se sobrepunha ao trato com as questões externas ao fazer poético.

A presente antologia traz uma possibilidade de revisitarmos essa trajetória. Uma poesia que se faz fundamental nesses tempos tão intensos e interessantes que estamos testemunhando. Ao alongar o poema, ao contaminá-lo de outras linguagens e de mundo, Pucheu faz um trabalho político e ético de pensar a poesia como uma forma contemporânea de lidar com o nosso tempo. É um poeta profundamente inserido nos desafios que, presentes no nosso dia-a-dia, se fazem mais do que cotidianos.

DA CONDIÇÃO PRIMEIRA

Com a licença de todos os santos
e a de meu pai Oxalá
pego nesta encruzilhada o prato de comida
A fome é grande
e é pela minha boca que comem os deuses

NA CIDADE ABERTA

próxima saída para deodoro
às dezoito horas e sete minutos
plataforma dois linha b
    alô ráls paga mil
bananada é cem bombom serenata dois é mil
        de mil e quinhentos lá fora na minha mão é mil
cem alô bananada é cem cruzeiros
  dois mil o isqueiro dois mil alô ráls paga
                    mil é o verdadeiro paga mil
                biscoito globo promoção globo
 conféti da quibom dois é mil
conféti
    conféti da quibom é o legítimo dois é mil dois serenata
                        é mil serenata dois paga mil
                dois serenata é mil bombom garoto
                    dois serenata é mil
cem grama de bala é mil bala de qualidade
cem grama é mil
        olha o nacaiama é setecentos
  amendoim é japonês
lanterna chinesa de grande utilidade em sua casa
paga três mil é pequenina e de qualidade
cem gramas de bala aí pagando mil
                        olha o fribel
            jujú bamericana dois é mil
o tijolão é mil prestígio é mil tijolão de bananada
dois é mil
vai pagar cinco mil aí uma coleira e uma corrente aí
para amarrar o seu cachorro ou o seu filho vai pagar cinco

mil aí
jujú bamericana dois é mil
tesoura é tramontina dez mil é cabelereiro
super corte é dez mil na loja americana é vinte e cinco mil
caldo de galinha é promoção ein
só paga dois e quinhentos
só paga dois e quinhentos ein

NA CIDADE ABERTA, ESCRITOS

1. Do esbarro da mão
em uma língua
nasce um mundo

2. Entre duas distâncias
na palma da mão
o mundo
correndo pelos dedos

3. Começo os alicerces da
cidade
com apenas seis letras

4. Uma cidade é sem começo
ele disse
todo começo já está na cidade

5. Vagarosamente as linhas
mapeiam espaços
delineiam ruas e deixam
baldios

6. Toneladas de concreto não racharão
estas páginas

7. Os trilhos e os dormentes
se amotinam
as vias encontram desaglomerados

8. Qualquer escrita é permanecer

em movimento
quem escreve jamais deixará de ser ninguém

9. Surpresa: tapa
do involuntário

10. Caminho pela calçada
dia após dia
como quem mergulha no fundo
de um esquecimento

11. Cidade: massa pluriforme: elasticidades
encolhimentos
seguindo arranjos

12. Maleabilidade voltada
para dentro

13. Os vergalhões traçam
a emboscada:
ninguém se erguerá por sobre
a cidade nem
trafegará nos arredores

14. Exterior é uma palavra dotada de pretensão

15. Qualquer estrada conduz
o centro
em sua extensão

16. Exercitar o fôlego mastigar frases
alheias
levar as sobras para o amanhã

17. Uma linha traz
em seu dorso
o seu reverso

18. A celebração precisa da escrita para
completar-se

19. As letras são a senha a palavra
o enigma

20. Quantos potes de tinta
para escrever a palavra gol?

21. Certas palavras me encurralam
(me curram) com a certeza
dos vitoriosos

22. Um dia saberão a dimensão
do desprezo das palavras pelos homens

22a. ... truncados pelo destino de alguns
vocábulos

23. Filhos da guerra
do desconhecido

24. Os subúrbios do homem
têm mais curvas que os dos bairros

25. As pistas sem sinalizações
Ter por direção as pernas:
perdição

26. Ver a invisibilidade
das palavras
até que elas apalpem
nossas mãos

27. O pensamento quando expulsa
as palavras
é seqüestrado por elas

28. Palavra: uma trepidação de sílabas
desconectando chegadas e partidas

29. Palavra: descarrilamento

30. A cidade aberta não se ergue
para cima mas
subterraneamente

31. 1a lei anti-claustrofóbica:
Respirar o ar
que há
na palavra aberta

32. 2a lei anti-claustrofóbica:
Para que os trincos não tranquem
converter a convenção
em invenção

33. Qualquer esquina é ilusão de um fim
qualquer fim alusão a um começo
pelos mares da cidade
começo e fim submersos

34. Página névoa mar
não há esquinas no pensamento

35. A história se afoga deixando nas pontas
dos mastros
bandeiras rasgadas
de sal e sol

36. A cada instante a escrita: uma cidade
indicações de vogais a lida
a buzina do dia o quieto
na noite - as direções
múltiplas
um único caminho

37. Esta cidade é para os que sabem
esta cidade é para os que não-sabem
os que não-sabem não têm lugar
esta cidade é não-lugar

38. Cidade: lugar em que os contrários cedem

39. Sede

A FRONTEIRA DESGUARNECIDA

Pela primeira vez, uma perna quer sair por minha boca, espremida. Um braço quer sair por minha boca. E o que ainda há de genitália, e o que ainda há de intestino, e o que ainda... Quer sair por minha boca. Uma parede, uma hélice, um vidro de janela querem sair por minha boca. Um carro acelerado, um pedaço de mar, um fuzil. Sob o testemunho pânico de alguns, uma desordem no corpo e nas coisas, uma fronteira desguarnecida entre a pessoa e a cidade.

LASCAUX

As canções acompanhavam o som da rocha rompida pelos troncos da paisagem. Que árvore rangia na passagem pétrea uma lentidão para sempre perdida? Murmúrios... fetos de linguagem. Ou o rostir do tempo contra lábios desamparados! Cantava-se: não eram barganhas com o divino. Cantava-se: não eram cantos de apoderamento. Os cervos já não existiam; os bisões não requisitavam; quando dentro da gruta o homem descobria o canto que o atravessava.

DEDICADO A UM LIVRO DE RENÉ CHAR, NUNCA ABERTO, NA BIBLIOTECA DA MAISON DE FRANCE DO RIO DE JANEIRO

O céu áspero e ferruginoso da página. A divisa do tempo folheando o livro há trinta anos fechado... Os sons perdidos. Sem afago de mão, sem volúpia de bocas, sem o raio dos olhos. A pausa de uma vida escassa. Um quase exilado, este arquipélago submerso? Um deus impelido ao último alento? Que vontade de vento nas letras esparsas! Que entusiasmo, o necessário!

POEMA EM VÃO (OU POEMA UNGULADO)

O que dele me aproxima, me afasta. Anterior a mim e a Adão. Chifres alinhados do mistério perfurando desde o couro até a lua. Saco de cimento. Lama embrutecida. Trator. Tanque de guerra. Navio encalhado em terra seca. Nunca escutei sua voz, que do silêncio anuncia estrondos.

Se vós pudésseis me escutar, ó santos, por dentro dos adornos das paredes, pediria a salvação. Não a minha. Não a do amor. Nem a da humanidade: fazei com que os rinocerontes vivam (com sua maravilhosa estranheza) ainda depois de o mundo acabar.

POEMA UNGULADO, Nº 2

Nenhuma gordura empanturra o corpo
do rinoceronte, varando suas cercas.
Nenhum couro escorrega em torno
da carne. Nenhuma dúvida quanto
a seu peso, quanto à coragem
ou a sua tranqüilidade. A armadura
talhada nos músculos, os chifres,
o rabo espanando qualquer súplica.
Olhos para ver. Boca para comer.
Patas para pisar. Orelhas para ouvir.
O corpo... na medida exata do corpo.
E o meu, tão distante, perdido pela multidão, pelos cantos das palavras alojadas, angaria faltas e excessos por onde anda: um guindaste se apropria de meu sexo, o combustível escasso para mais alguns quilômetros, o chifre crescendo pelo nariz. Quando o queixo começa a se empinar, guincho o que nunca escutei: a voz anginosa do rinoceronte.

NASCIDO NA SEGUNDA METADE DOS ANOS 60

Na melhor das hipóteses, ser salvo por uma certa
corrosão no fígado. Um gosto de ferrugem
na boca – conseguir saboreá-lo. Um travo de trabalho
entalado na garganta – conseguir engoli-lo,
depois defecá-lo. Não me importar com a vazante
do dinheiro pelo nervo cidadão, é o que dizem. Nem
com o destino de antigos amigos: um em Santa Cata-
rina
numa clínica para drogados; outro cria canários
em seu quarto na casa dos pais; um terceiro
pede dinheiro emprestado: a mulher que tirou do pu-
teiro
para se casar com ela tem de fazer um aborto
do que seria o quarto filho; aquele morreu afogado
em dia de ressaca, horas depois de demitido
e meses após a vasectomia. Escrevo o poema
de uma nova geração, dizendo que, se possível, faria como querem. Iria mais longe: participaria dos escândalos políticos, da violência econômica, esqueceria o preço do aluguel e do condomínio, a inadaptação social... Mas intimidade só consigo quando me esqueço de mim pela cidade; quando subo ao cume e a visto – paisagem; quando abraço as noites de lençóis e álcool com a mulher amada; quando encontro, ao mijar nas pedras da baía, a concha imensa e ensolarada de um molusco há muito desaparecido.

AMOR FATI

Três horas. Madrugada chuvosa. Agosto de 1997.
Bianca dorme sonhando com uma coroa de ouro
com olhos incrustados por toda a circunferência
a girar em velocidade infinita perdida pelo cosmos.
Passeará por todas as galáxias antes do amanhecer,
e acordará sorrindo e cantando para mais um dia.
Passos perambulam pelo andar de cima. O vizinho
insone prepara a dicção apropriada para a frase
imprevista ou a resposta pedida pelo jornal
que a publicará adulterada na semana seguinte.
No apartamento do segundo andar do número 156
da silenciosa rua David Campista, bairro Humaitá,
cidade de São Sebastião do Rio de Janeiro, sem nenhum
motivo aparente, sem aviso prévio, sem qualquer vínculo
com o que vinha acontecendo até então, vem-me o tranco
exigente de musculaturas para suportá-lo: tudo é ridículo. Ridículo olhar nesta direção, mudo o foco, descobrindo serem este e todos ridículos; ridículo aqui neste momento, troco de lugar várias vezes e, sempre, o ridículo; tão ridículo o que me passa pela cabeça, que deixo mais resíduos chegarem e partirem, mas todos ridículos; ridículo até pensar que tudo é ridículo. No meio do desconforto de todas as possibilidades, a gargalhada eclode pelo rim, pelos hilos, pelos ligamentos, pelos pêlos, sentindo-me livre doravante para o que quer que esteja acontecendo.

VALE DO SOCAVÃO

No plano da montanha ensolarada,
vario entre o livro e a paisagem.
Os gaviões retornam pelas manhãs há mais de 40 dias.
Não sei o que querem:
a companhia de quem há meses não pronuncia uma palavra?
a companhia de quem caminha pelas trilhas
como gavião voando pelos ares? Não.
Eles reparam em minha presença apenas para se recolhe-
rem, esquivos, na altivez – alheios a nada.
Deixo restos de frango assado no tronco próximo à casa.
Comem-nos.
O vento bate em meu rosto,
em minhas costas nuas e friorentas apesar do sol.
Vejo a clareza límpida do dia,
sabendo que sou outro, além do olhar.
Algo se move em mim, impossível de ser visto.
Algo se move em mim, impossível de ser escutado,
cheirado, tocado, degustado... algo se move em mim,
para o qual as palavras não se dispõem
mas obrigam-me a dizê-lo, após meses de indiferença
e mutismo. Tudo em mim, agora, é combustível:
difícil ficar ileso aos verdes da manhã,
ao trabalho diário, aos acontecimentos que,
mesmo corriqueiros, me contaminam.
Não há mais ninguém por aqui,
e minha existência é viável.

TUDO ACONTECE AGORA PELA PRIMEIRA VEZ,

mesmo o lixeiro varrendo a rua varrida ontem,
antes de ontem, desde dois anos atrás,
a vizinha tirando o carro da garagem, ou a outra
ensaiando ao piano uma canção popular, tudo acontece
agora pela primeira vez,
este vento que tremula o toldo na varanda,
o tempo cinza, o toque do telefone,
o gato atravessando a rua no momento possível,
a chaminé da clínica médica em constante atividade...
Escrevendo estas palavras, não tenho o nome que tenho,
tenho o nome do tempo que passa, o nome ausente,
a ausência de qualquer nome. Não se pode caminhar
duas vezes pela mesma rua, ele disse,
não se pode caminhar nem uma vez pela mesma rua.
Como escrever a terceira frase, a necessária,
a que diria, enfim, quem e por onde...? A que diria, enfim,
o que não poderia dizer. A que diria, enfim, que eu
e ele somos a mesma pessoa, que somos ambos o inapreensível.
A casa em que moro. A cidade que me habita.
Nem ao menos a campainha tem soado, o carteiro não toca
há alguns dias
(os carros passam, para garagens residenciais
ou públicas), o entregador da lista telefônica
acaba de bater, desmentindo a frase mencionada
(passa um homem vendendo cocada
para os operários da obra ao lado. Eu,
operário da obra ao lado, compro uma cocada
para meu filho), mas não atendo ao chamado.
Para que ser importunado, para que tantos telefones,

se não ligo ao menos para os amigos?
Não lhes telefono por ter muito a fazer,
ficar sentado no sofá, olhar as sombras da rua desenhando
figuras na parede da sala, ora nebulosas, ora nítidas,
tomar um copo de água para matar a sede
que nem tenho ou por outro motivo qualquer que me escapa,
não lhes telefono por ter a cabeça da mulher amada
no colo, ao som de Cartola, João Gilberto e Pixinguinha,
por ter de escutar a respiração indo e voltando
feito o porteiro do prédio da esquina ao lavar os carros de
moradores de toda a rua, subindo e descendo pela calçada
ininterruptamente.
As televisões ligadas na hora do jantar
medem o tempo passando, arrastando-se,
reprisam o velho acontecimento para descansar as pessoas
do fato de que tudo acontece agora
pela primeira vez, difícil suportar o fato
de que tudo acontece agora pela primeira vez, inclusive
essa reprise, o cheiro de feijão com lingüiça e toucinho
pelas janelas, o radinho de pilha do segurança da rua
narrando um jogo qualquer, os cantos diários do pavão por
entre o sono, o vento e os parcos ruídos matinais...
Nove de setembro,
não, quatro de abril, também não, três de dezembro,
pouco importa, talvez sejam dez mil duzentos e vinte e dois
dias desde a data em que nasci, talvez o triplo, talvez a metade,tanto faz, há muito não sinto a secura no ar como a de hoje
(isso afeta a memória?), as plantas, antes verdes, amarelecem,
necessário encharcar a terra do vaso duas vezes ao dia,
espargir água em suas folhas, a secura, ao menos,
é boa para os livros sempre úmidos neste apartamento colado
na mata, boa para as páginas que terão o excesso enxugado,

não mais colar-se-ão umas às outras, sim, eu agradeço
a aridez por me curar da hidropisia, não precisarei
me enterrar em um monte de bosta, quem quiser poderá
folhear-me, sentir a porosidade do papel em suas mãos,
ler as palavras que, seguindo o fluxo dos acontecimentos,
se desdobram em mais um entre eles, com eles, como eles,
acontecendo agora pela primeira vez, a sua frente, em torno e dentro de você,
como continuará a cada encontro futuro.

DE PRÊMIOS, ARMADILHAS E OUTRAS COISAS

E não adianta pensar em mudar de vida, comprar uma casa
no campo, viajar por lugares exóticos,
morar numa cidade ainda mais cosmopolita,
ter filhos ou não tê-los,
aposentar-se logo que possível... não, não adianta: a vida,
a nossa espreita em cada esquina,
ungindo os cheiros das distâncias, os planos da economia,
a subida do dólar, o amparo da alegria, a visita dos amigos,
a vida tem, a nossa revelia, seus prêmios
e armadilhas para distribuir. Não,
não adianta pensar em mudar de vida (todo lugar é Rio),
mas viver a vida, vivê-la na cidade, no campo, no mijo,
no mosteiro do himalaia, em ivolândia... dar aulas na universidade, publicar um livro sem leitores, vender imóveis
alheios e depauperados. Viver, viver a vida,
vivê-la a cada instante, subir seus picos, frios,
no sol ou na noite, o da pedra do sino, o da bandeira,
o kilimanjaro, e depois descê-los, aproveitar as madrugadas
de peitos e vagina, de pêlos e pênis, o amor encontrado
ou perdido, exercitando sempre, passo a passo,
o vigor possível: em longas caminhadas,
quem enxerga são as pernas.

TRADUÇÃO LIVRE DE UM POEMA INEXISTENTE DE LYN HEJINIAN

Comece aqui, para aprender a gostar de uma perda.
O segundo programa que fiz com a mulher com quem casei foi ir ao circo.
No fundo, somos todos mais ou menos iguais.
O cheiro azul da praia invadiu os olhos da menina.
A campainha tocou antes das sete, não sabia se a havia escutado ou não.
A mudança mais difícil ocorre quando é necessário permanecer, apenas os frágeis fogem pelo caminho mais fácil.
Ao longo daqueles meses de viagem, os três abriam os olhos exatamente no mesmo momento.
Procure manter o coração bem quente, mesmo em situações glaciais.
O que está acontecendo na casa em frente não é obra, mas tem alguém martelando um prego.
O prato quebrado na festa fez um barulho imenso.
No fundo, somos todos inteiramente diferentes uns dos outros.
Ele ensinava a Bíblia a sua patroa. Muito poucos sabiam que Bíblia era a lição maior: o nome de seu porrete.
O escudo saiu da fundição cheio de defeitos, parecia um verdadeiro achado arqueológico.
A frase incomparável de um acusado na boca dos jornais: Nunca matei um sapo sequer, o primeiro ser vivo que matei foi minha mãe.
Às vezes, caminho apenas por uma rua; outras, por duas ao mesmo tempo.
O azul da manhã desponta na buzina de um carro.

Cinquenta reais, às vezes, fazem a diferença.
Está escrito em um outdoor que o gol é o orgasmo múltiplo do homem.
Tem muito mais carros na cidade do que palavras; incrível como ninguém nunca pensou isso antes, pelo menos de maneira tão explícita. Incrível também como se pensa qualquer coisa quando não se focaliza apenas uma.
O livro de Clarice, comprado num sebo, tem esparadrapos cobrindo frases e colando umas páginas às outras.
No fundo, ninguém sabe se é mais ou menos igual ou inteiramente diferente dos outros.
Há tanta perdição em sua vida que lhe deram uma bússola de aniversário.
Palavra dita e pancada dada não se tira.
Muitos helicópteros sobrevoam o Corcovado em dias de sol; isso irrita um morador da rua.
As lanchas da infância acabaram de cair por detrás do oceano.
A orquídea nunca mais floriu; em compensação, as flores de maio dão duas vezes por ano e as bromélias já estão na quarta geração.
O latido de um cachorro não é mais nem menos do que o latido de um cachorro. Até ter escrito isso.
O telefone disparou essa manhã.
As frases, como as pessoas na multidão, vão se esbarrando. Então, o latido de um cachorro é e não é o latido de um cachorro.
Hoje na feira o preço do tomate estava significativamente mais baixo.
Uma réstia de sol para amenizar o frio.
Sem que ninguém peça, eles vão aparecendo por tudo quanto é lugar.
Os velhos sonhos do centro...
No fundo, essa coisa de querer saber se somos todos iguais ou

inteiramente diferente uns dos outros deve ser uma grande bobagem.
Uma cumplicidade não afetada.
Vou dizer agora: isso aqui é apenas pro grupo de risco da liberdade. Contamine seu parceiro.
Faça o que quiser e não pentelhe ninguém.
Se aquela fumaça estivesse mais alta, bem que pareceria uma nuvem.
Lá longe, por detrás dos prédios, está passando uma ambulância.
Ele, que não se casou e não teve filho, está pensando em comprar um cachorro. Ela, que se casou duas vezes, tem filho e cachorro, garante que é a melhor solução.
As palavras me fogem... as palavras me fogem...
O mendigo dormindo ali na esquina reinventa seu corpo, trazendo uma espuma amarrada nas costas e uma garrafa de guaraná como antolhos.
Os deslocamentos às vezes coincidem.
Como quem dobrasse a São Clemente e entrasse pela Presidente Vargas.
Pensar, é a vida que fornece, sempre.
Reclamou que alguém era muito profundo; vai ver tinha até razão.
Isso concerne a qualquer um, danifica somente as coisas já defeituosas.
Dias depois, lhe escrevi uma mensagem dizendo que não fui à leitura pois havia um jogo importante. Ela ficou uma fera: *O que será da poesia se os próprios poetas se encontram no Maracanã?*

CLARICE LISPECTOR

Num livro, uma frase – uma ferida. Contaminada. Um vírus, à espreita, para se espalhar. Sem uma ferida, que se propaga, não há frase, não há livro. Sem uma ferida, não há leitor. Num leitor, em algum lugar impalpável, uma ferida, mas não a frase contaminada. A diferença do livro: espalhar, não a ferida – que esta, sem ela, não há leitor –, mas, além de cutucar, de dentro, a ferida, espalhar o vírus, na outra ferida, até então imunizada. A frase, o livro – uma contaminação. O leitor, ferida viva, tenta – esparadrapá-la. Consegue: esparadrapa a frase. Não o vírus. Que o invade. Um outro leitor, desse livro, página contra o sol, descobre a frase: Pedir? Como é que se pede? E o que se pede? Pede-se vida. E vejo, então, o que já me contaminara.

FERNANDO FERREIRA DE LOANDA

O charme – dorido – dos solitários. Dos periféricos. Dos desenraizados. Dos que têm três países na mesma língua. Dos que não têm – uma – a mesma – língua: os poliglotas em suas línguas – impróprias. O charme – dorido – dos que, a cada conversa, são frequentados – menos pelas palavras do que – por sua fuga. *As palavras me fogem... As palavras me fogem...* Força abrupta e – progressivamente interruptiva – da bruteza isquêmica de um corpo autônomo que, dorido, na imediatidade dos nervos, gagueja sua impossibilidade retornante – num quase puro ruído de um último sentido ainda audível, o de uma firme lataria rasgando – impactante – uma carne: *As palavras me fogem... As palavras me fogem...*

AUTOBIOGRÁFICO

Em família, sempre fui tido por poeta difícil, ilegível. Como ninguém é profeta em sua terra, uma cunhada perguntou a um escritor que morava fora: É sério mesmo – ou pura embromação? Ria-me da fama. No último lançamento, carinhosamente, um tio me disse: Antes, não entendia nada de seus livros, agora, não entendo nem o título! Em seguida, sua neta de oito anos, sentada no chão do corredor do shopping, encostada no vidro da loja de balas toda colorida, lia, compenetradamente, os Escritos da Indiscernibili-dade. Meu tio lhe perguntou: Você está entendendo alguma coisa? De soslaio para não desviar o olhar do livro, na bucha, Juju respondeu: Tudo! Nada como leitores com o pensamento ainda não viciado.

MINHAS AMIZADES DE HOJE
SÃO FEITAS COMO ANTIGAMENTE

Estudantes engravatados tomam chope num botequim
do centro da cidade, ao lado do qual se abre, imperceptível,
uma porta. As pernas que, por ela, sobem as escadas
de madeira pela primeira vez não sabem ao certo
o que irão encontrar; algo as move, entretanto,
naquela direção: em certos casos, um excesso, em outros,
uma ausência. Seus freqüentadores se acostumaram
ao fato de que poucos visitantes permanecem entre eles,
e não têm expectativas de que seja diferente. De tão velho,
o corrimão se afasta de quem quer que se apóie nele.
O neófito se recompõe rapidamente. A primeira lição:
para entrar ali, conte apenas com sua própria força,
mais nada. Pois músculos suados se esquentam,
se esbarram, se agridem e se separam
em busca do equilíbrio perfeito entre velocidade,
potência e inteligência dos reflexos. O menor vacilo
custa alguns dentes, um filete de sangue no nariz,
uma dor no fígado, no baço, uma falta de ar... e de siso.
Pouco falam do que pensam ou sentem.
O conhecimento que um tem do outro é passado
pelos poros, pelos suores que se misturam
a cada esquiva mútua em que a lateral de um corpo
se esfrega na mesma lateral malcheirosa do corpo alheio,
pela velocidade dos jabs e dos tapas defensivos
tirando o punho do caminho da face, pela porrada
do explodir da luva nos músculos compactos e protetores.
É dessa maneira que hoje faço meus amigos.

SEM MIM, NADA DISSO SERIA POSSÍVEL

Desde o confuso princípio dos ringues,
quando não havia mãos para tocar a delicada espessura
e a cor do mundo era a mesma de um hematoma,
minha própria pele preta, ainda impalpável,
mas querendo extravasar-se como o sangue da vida,
já promovia o poderoso espetáculo: o combate
pela carne do tempo. Quem era eu, então? Um poeta?
Um deus? Uma ausência incansável de limites?
Um capitalista inventando o primeiro dinheiro,
o primeiro estádio (com ingressos pagos)
para o entretenimento de deuses vorazes? Ou apenas
uma força entre outras em busca de aventuras
cada vez maiores! Sim, era isto o que eu era
e o que jamais deixei de ser. Amo a coragem,
a miséria e a precariedade destes homens, com as quais
desenhei alturas para mim, para eles e muitos outros.
Amo até mesmo a inteligência superior que alguns
demonstraram ter... e o instinto de preservação de outros
que, pelo menos, não tentaram me desafiar. E amo
igualmente aqueles que, hoje mortos, se rebelaram
contra o meu poder: também eles fizeram minha fama
e minha fortuna. Trago feridas como todo o mundo,
mas deixo os lutadores se machucarem em meu lugar.

É PRECISO APRENDER A FICAR SUBMERSO

É preciso aprender a ficar submerso
por algum tempo. É preciso aprender.
Há dias de sol por cima da prancha,
há outros, em que tudo é caixote, vaca,
caldo. É preciso aprender a ficar submerso
por algum tempo, é preciso aprender
a persistir, a não desistir, é preciso,
é preciso aprender a ficar submerso,
é preciso aprender a ficar lá embaixo,
no círculo sem luz, no furacão de água
que o arremessa ainda mais para baixo,
onde estão os desafiadores dos limites
humanos. É preciso aprender a ficar submerso
por algum tempo, a persistir, a não desistir,
a não achar que o pulmão vai estourar,
a não achar que o estômago vai estourar,
que as veias salgadas como charque
vão estourar, que um coral vai estourar
os miolos – os seus miolos –, que você
nunca mais verá o sol por cima da água.
É preciso aprender a ficar submerso, a não
falar, a não gritar, a não querer gritar
quando a areia cuspir navalhas em seu rosto,
quando a rocha soltar britadeiras
em sua cabeça, quando seu corpo
se retorcer feito meia em máquina de lavar,
é preciso ser duro, é preciso aguentar,
é preciso persistir, é preciso não desistir.
É preciso aprender a ficar submerso

por algum tempo, é preciso aprender
a aguentar, é preciso aguentar
esperar, é preciso aguentar esperar
até se esquecer do tempo, até se esquecer
do que se espera, até se esquecer da espera,
é preciso aguentar ficar submerso
até se esquecer de que está aguentando,
é preciso aguentar ficar submerso
até que o voluntarioso vulcão de água
arremesse você de volta para fora dele.

POEMA PARA SER LIDO NA POSSE DO PRESIDENTE

Ando pela calçada da rua em que moro,
em direção à Cobal, por exemplo,
onde diariamente compro alguma coisa
apenas para descansar um pouco do trabalho
cotidiano que faço em casa, e,
ao passar por uma pessoa, sou para ela
o que ela é para mim: alguém
que sobe ou desce uma rua, nada mais.
Talvez, neste momento, eu seja
também para mim e ela também para ela
o que somos um para o outro: alguém
que se esquece de onde está vindo
e aonde está indo, de seu nome, de seu trabalho,
alguém que sobe ou desce uma rua, nada mais.
Ou algo mais, ou menos, não sei, que vai
comendo o nome, o trabalho, o parentesco,
as demandas que recaem sobre nós,
largando-os pouco a pouco pelas latas de lixo
penduradas nos postes, deixando-os cair
ao meio-fio, por entre as rodas dos carros,
cumprindo o destino comum de todos dejetos.
Andando pelas calçadas, subindo-as
ou descendo-as, indo ou voltando não importa
para onde ou de onde, enquanto andamos,
desta vez não temos um encontro marcado
com nós mesmos. Mais persistentes
ou mais ausentes, mais barulhentas ou silenciosas,
diversas vidas vêm e vão em um só corpo,

aparecendo sempre alguma quando alguma
é requisitada. Mas há momentos em que,
entre a casa e os ofícios da cidade, entre
qualquer compra, por exemplo, na Cobal,
e o uso da compra ao chegar em casa,
antes de qualquer contrato, de qualquer direito,
de qualquer convenção, do livre arbítrio,
do estado civil, antes do tamanho dos ossos,
do formato da orelha, das impressões digitais
dos dedos, das extensões do rosto, da fotografia
em 3X4 ou em 5X7, das fotografias de frente
e de perfil, antes das imagens exclusivas da íris
e das retinas e dos escaneadores 3D,
das câmeras que nos gravam nos bancos
ou pelas ruas, antes dos DNAs guardados
em algum arquivo nacional, antes da beleza
e da feiúra, do código de barras na nuca
– com o qual sonhei ontem – disponibilizando
os corpos a uma máquina que teimasse
em reconhecê-los por um número qualquer
pelo qual jamais nos reconheceríamos,
antes desses e milhares de outros modos
de sermos apreendidos, os ócios vazios
de um corpo abandonado (uma vida nua
ou um posto de pura distração
em que os viventes se fazem esquecidos,
ou quase isto) sobem e descem uma rua,
nada mais. São corpos matáveis, como
ao fim de uma partida de futebol,
como durante um assalto, como na fila
de um hospital, como por bala perdida
ou certeira da polícia e dos traficantes,

como por acidentes, pelas drogas, pela fome...
São corpos gloriosos, como durante
uma partida de futebol, como durante
uma semana de carnaval, como em um show
de rock, em uma mesa de bar com amigos,
em um mergulho diurno ou noturno no mar,
como quando fazem amor ou quando,
mesmo sem o fazerem, se amam
ao longo da vida ou por apenas
alguns instantes. São corpos dúbios,
quando dançam o funk sob a mira
dos AR-15, quando fogem dos tiros
saltando atleticamente por telhados,
caixas d'água, correndo por becos,
quando se explodem na terra ou no ar
contra o concreto de um edifício
ou quando se jogam das alturas
do mesmo edifício. São corpos funcionais,
como nas caixas lotadas dos supermercados,
dentro das britadeiras fritados sobre o asfalto
do sol, dentro da cozinha da minha casa,
ao meu ouvido, na central de telemarketing.
São corpos... São corpos que, em algum momento,
esquecidos, anônimos, sobem e descem uma rua,
nada mais. Subindo ou descendo uma rua,
atestamos então este hiato de desconhecimento
entre o corpo abandonado e as diversas vidas
que o tentam colonizar, entre a vida nua
e as vestimentas vivas que a recobrem,
entre a vida crua e o que dela pode ser cozido,
entre a vida aberta e a vida vivida. Atestamos
a fenda deste hiato, uns emigrantes da distância

neste hiato de que não podemos nos afastar,
uns estrangeiros, uns viajantes, uns forasteiros,
uns gringos, uns bárbaros neste espaço
que se serve das palavras para falar
em uma língua estrangeira, uns índios
neste espaço, nesta picada, nesta clareira,
uns berberes e o vão do deserto esgarçando
os berberes, uns esquimós e o vazio da neve
ampliando os esquimós, uns pescadores
dispersos pela luz, tragados por este espaço
diluído entre a areia e os sóis dos Lençóis,
o espaço em que o explosivo queima
entre a genitália e a cueca do nigeriano
no avião. Atestamos este espaço das palavras
que se servem das palavras para falar.
Apátridas, não temos por pátria a língua portuguesa
nem outra nos seria natural. Nascemos
sem língua, abertos a qualquer jargão
que em nós quisesse se desdobrar, nascemos
sem povo, abertos a qualquer bando
que em nós quisesse se desdobrar,
nascemos sem lei, uns bandidos, uns canhotos,
uns vândalos, uns lobisomens, uns burros,
uns jumentos, umas vacas, umas piranhas,
uns veados, umas éguas, umas antas, uns porcos,
umas mulas, umas bestas, umas baleias,
umas cachorras, uns tubarões, uns animais,
uns ratos, uns bichos, umas bichas,
umas feras, uns selvagens, uns fora-da-lei
abandonados a qualquer lei
que nos pudesse governar, abandonados
a qualquer lei que tivéssemos de desregrar.

Sobreviventes, descendemos de uma classe
de épocas perigosas praticamente esquecidas,
exilada da cidade dentro da cidade,
e, mesmo que ser, estar, saudade, cidade,
floresta, rio, mar, sertão, natureza
e outras palavras nos digam intimamente respeito,
navegamos, apátridas, a abertura, o sem,
o não, o nem, o a- que não nos largam.
Por mais que não queiram, trazemos conosco
os espaços vazios a distorcerem as possibilidades
que cotidianamente se oferecem
do que nós somos, do que é a água
do rio, do mar, da cidade, do país,
do mundo, e, por mais que não queiram,
nossa saliva é o suor das palavras não ditas,
e, por mais que não queiram,
misturamos o separado, trazemos conosco
a cidade e a natureza ferina, a poesia
do dedo que falta na mão do presidente.

O TESTEMUNHO DA MENINA DA BONECA DE KAFKA

Quando agora sou, então, uma anciã, morando na floresta em que resolvi passar meus últimos anos, depois de ter silenciado sobre o mais importante, ao menos, sobre o mais importante em minha vida, depois de ter, de alguma maneira, fugido do mais importante, ao menos, do mais importante de minha vida, posso, finalmente, atando os extremos, falar: a menina da boneca de Kafka envelheceu, mas tem saúde para dar seu testemunho, para fazer, ainda, seu testamento. Lembro-me pouco, quase nada, do episódio com o casal do parque de Steglitz. A princípio, fora a moça – mais tarde me dei conta de quão jovem ela era em relação ao seu companheiro – quem, por seu rosto enigmático, me chamou mais atenção; mas foi ele quem, atencioso, logo me dirigiu a palavra, querendo saber porque eu, desesperada, chorava tanto. Se ela chamara primeiramente minha atenção, assim que ele pronunciou as palavras para me acalmar, de tão terno era seu modo de falar e olhar, o mundo parecia ter seu desespero diminuído por conta da boneca que eu, com não mais do que cinco anos, havia perdido. A partir daí, me recordo tão somente dele, ou melhor, nem sei se dele, mas de sua voz dizendo que eu não perdera a boneca, mas que ela, por vontade própria, apesar de me amar muito, havia feito uma viagem, endereçando-lhe uma carta para que ele a entregasse a mim tão logo conseguisse me encontrar. Com a doçura de quem guarda uma verdade secreta, ele insistia que ela viajara por querer sair de casa, ir para lugares que, sem mim, ela quisesse ir, conhecer outras pessoas, ser amiga de outras bonecas, frequentar uma escola, ter namorados, casar, trabalhar e levar uma vida diferente da que até então havia sido a sua, como, certamente, me disse ele, aconteceria também comigo no futuro. Claro que ele não estava com a carta em mãos, mas, depois de ter me dito que me entregaria no dia seguinte a carta da boneca que eu achava que perdera, aquele homem bem vestido e de aparência um tanto frágil, disfarçando uma respiração ofegante e uma voz enrouquecida, foi embora, deixando-me esperançosa e pensativa no parque, até que eu pudesse retornar mais confortada para casa. No dia seguinte, ele estava lá, com a carta, e no seguinte do seguinte, com outra carta, e no seguinte do seguinte do seguinte, com mais uma. Por três semanas, sempre na hora marcada, sem jamais ter tido um pequeno atraso que fosse, ele esteve diariamente comigo no parque de Steglitz, lendo, a cada dia, para mim, sem conseguir disfarçar uma comoção em sua voz, uma nova carta que, sem eu saber, ele próprio escrevera na noite anterior em nome da boneca, inventando para ela, ou melhor, inventando para mim, uma história que me animasse, uma história que me acalmasse, uma história que me preparasse para uma separação menos dolorida da boneca que eu amava. O que sempre mais me impressionou nas cartas era como, a cada uma delas, ele assegurava o amor da boneca – que se chamava Marion – por mim e, aos poucos, distanciava-a de mim sem que eu mesma percebesse o afastamento gradativo, como se, aos poucos, ele substituísse a boneca pelas cartas enviadas, sem substituir de modo algum o amor, que permanecia igual. Com elas, eu aprendi a preservar o amor em mim mesmo nos vários momentos em que ele parecia se ausentar, mas, não, ele não se ausentava, ele estava ali, naquelas cartas que, durante décadas, guardei em um estojo de carvalho. Elas foram a maior lição de amor que eu recebi, e, primeiro em sua presença e, depois, em sua ausência, elas me acompanharam toda a vida, transformando-me, e ainda hoje as guardo aqui dentro de mim como o que de mais íntimo e de mais estranho – certamente, o de mais maravilhoso – jamais me aconteceu. Décadas depois do encontro, quando eu estava em minha meia idade, soube que um homem frequentava diariamente o parque e tocava a campainha dos apartamentos ao redor dele tentando encontrar a outrora menina que havia recebido as cartas daquele que se revelara o maior escritor do século XX. No dia em que li um anúncio no jornal pelo qual se procurava a tal menina com suas cartas, tomei a única decisão que me cabia: fugir, antes de ser encontrada, antes, talvez, que eu mesma me revelasse. No que de mais fundo me concernia, aquelas cartas não deveriam ganhar notoriedade: elas surgiram de um dos encontros mais inesperados entre anônimos, no parque de Steglitz. Torná-las públicas seria trair o gesto mais expressivo daquele homem, trair o que, naqueles dias, ele me ensinou: o amor que um desconhecido pode sentir por outro desconhecido qualquer, dedicando-se incansavelmente a ele, simplesmente para diminuir-lhe a dor.

K.

Pelo menos a princípio, é certo que era ele – e não seu colega de escritório – quem, não importava aonde fosse, estava sempre em uma prisão. Todo o tempo, ele trazia as grades dentro de si, dizendo ser a nossa época a em que os animais são mais próximos de nós do que os seres humanos. Então, não era apenas ele que, não importava aonde fosse, carregava sempre uma prisão, mas todos os homens – ao menos todos de nosso tempo – viviam atrás das grades que traziam dentro de si e ansiavam pelo animal como quem espera pela liberdade de uma vida natural, sem saber que, para nós, a única vida possível é mesmo a humana, justamente essa que nos pesa mais, confinada em um escritório, possuída por regulações, prescrições, protocolos e diretivas. O escritório era uma maneira erguida pelo homem para ele parecer superior a si mesmo, ainda que, com o escritório fora e dentro de si, cada um tenha se tornado mais solitário e infeliz, mais cansado e vazio; descobriram ao fim que se tratava de uma construção criada pelos homens para, respaldados por uma instituição minimamente confiável aos que quisessem ser simultaneamente acusadores e acusados, se autocaluniarem, para provarem a si mesmos sua fraqueza, para mostrarem a si mesmos como se tornar o que há de menor na vastidão animal. Como contraponto, não bastava para ele ser poeta, esse ser que, sem defesas para o mundo, sentindo o peso da existência terrena mais intensamente do que os outros e provando sua corrupção, sabe que, em busca de uma saída, seu poema não passa de um grito. Enquanto não fosse afetado pela doença, ao menos ao fim do expediente, nas poucas horas que lhe restassem, jogaria tênis, nadaria, faria jardinagem ou aulas de carpintaria, sonhando ser um dia artesão ou camponês na Palestina. De que vale, entretanto, um sonho para um insone contumaz? De que vale, entretanto, um sonho para quem está sempre queimando de frio? De que vale, entretanto, um sonho para quem, nascido velho, tem a certeza de que ele é fruto de uma juventude que nunca existiu? De que vale, entretanto, um sonho para quem a única fuga possível é em direção à realidade? Sonhos só os terríveis: mantendo-nos acordados pelo perigo, não importa aonde vamos, não nos deixam sair de casa, obrigando-nos a, desabrigados, suportá-la.

O LIVRO DE HOJE DO AMOR

I

DE PISTOLAS, CRUCIFICOS E JASMINS

São flores de jasmim que, a cada pétala e, após esta pétala, outra pétala, e ainda outra, e outra, esfrego em sua boca, em seu nariz, nos bicos ferruginosos de seus peitos, em seus quadris, nas dobras da buceta, no colo do seu útero, quando ri e, de repente, grita e, ainda, diz: – Meu Deus! E tasca as pétalas de mim, esfrega-as no meu pau, no cu, no rim, derrama uísque e gelo em meus pentelhos, encharca-me no copo, chupa meus colhões, meu cu – jasmim –, penetra seu dedo em mim, se abre, pétala, para mim. Depois, deitados, conversamos sobre as pétalas de agora, mas do uso também que já fizemos da pistola, do crucifixo, de tudo que, tendo a bitola do nosso amor, nos decola.

II

ARREBENTAÇÃO

Suas vísceras são feitas de cama. Os pulmões, de madeira. A coluna, de uma ripa do estrado. A intimidade das cabeceiras encontro em seus braços. O peito é, certo, um colchão... E onde todos os outros colchões também são fabricados. O intestino, de molas e mais molas. A caixa toráxica, de um lençol, de linho, algodão ou cetim. Os rins e fígados, dos relevos do encosto de ferro. O baço, do sono e sonhos do cobertor. O coração, de almofadas espalhadas e macias. Com a mesma fervura com que, na cama, um mar jorra de seus olhos, com a mesma turbulência com que, na cama, um tubo tremendo gira de dentro de sua carne, com a mesma violência com que, na cama, uma buzina de navio sai por sua boca, com o mesmo palpitar com que, na cama, um cetáceo esguicha de sua buceta, sua voz, de novo – e de novo –, repetidamente, na secretária eletrônica, quebra em sequência como ondas que me prendem na arrebentação.

III

----- Original Message -----
From: Cláudio Oliveira
To: Renato Rezende ; Alberto Pucheu ; caio.meira (uol) ; Francisco Bosco
Sent: Monday, September 15, 2008 5:52 PM
Subject: separação

ah, quando dois corpos se unem e não se separam imediatamente depois, quando dois corpos se unem e permanecem ligados por um tempo, como é difícil separá-los depois...

----- Original Message -----
From: Alberto Pucheu
To: Cláudio Oliveira ; Renato Rezende ; caio.meira (uol) ; Francisco Bosco
Sent: Monday, September 15, 2008 6:27 PM
Subject: Re: separação

quando dois corpos se unem e não se separam
imediatamente depois, quando dois corpos

se unem e permanecem ligados por um tempo,
quando, depois da união e da permanência
da ligação, é tão difícil separá-los, talvez seja
porque não chegou o momento de os separar,
talvez seja porque os corpos ainda estejam
unidos e, dada a dificuldade da separação,
não desejando se separar imediatamente,
talvez, quem queira se separar não seja tanto
os corpos, mas alguma coisa que, por fora
dos corpos, fala mais alto, alguma coisa que,
por fora dos corpos, insiste em ser ainda
mais escutada do que os corpos, alguma coisa
que insiste em uivar mais forte do que os corpos.
mas, se os corpos, unidos, não quiseram se separar
imediatamente depois, se os corpos, unidos,
permanecem ligados por um tempo, se é tão difícil
separar os corpos agora, para que, então,
essa obrigação de os ter de separar, para que,
então, não escutar os uivos dos corpos
de modo que eles possam se sobrepor aos outros uivos
que, por fora dos corpos, insistem em se fazer escutados?

Gostaria de convidá-los a visitar meu site:
www.albertopucheu.com.br
apucheu@gmail.com

IV

CERTIDÃO

Seria preciso demarcar com rigor o momento exato em que deixamos de amar alguém. O ano. O mês. O dia. A hora. Os minutos. Não precisaríamos, entretanto, dos segundos, que, para isso, seriam totalmente irrelevantes. Se soubéssemos ao menos os minutos, a hora, o dia, o mês e o ano, seríamos poupados de muito sofrimento. Porque o incisivo de uma marca, o inscrever-se do acontecimento em uma data, nos daria pelo menos a certeza de que deixamos de amar alguém. Do mesmo modo que uma certidão de nascimento ou de óbito nos torna inteiramente convictos dos dois extremos da vida de uma pessoa, ainda que não saibamos mais nada acerca dela ou – mesmo – da gente.

V

NÃO SÃO SÓ PALAVRAS

> "Algumas vezes foi preciso tirar os sapatos
> para ficar da altura da vida".
> (Caio Meira)

Todos os dias lutamos
para algo ao menos permanecer o mesmo
em nós: o amor.
Mas há dias de o amor pedir o esquecimento
de telefone quebrado, celular desligado, google talk desativado,
de nem passarmos por perto do facebook e de fugirmos
    mesmo de casa,
dos bares frequentados, de fugirmos da cidade em que
    moramos
para fugirmos, se possível, das questões, às vezes crassas,
    do amor.
Tentarmos, ao menos, fugir, porque, na fuga, ainda
    encontramos,

na solidão de um novo lugar, a insônia das questões do amor
no que em nós gostaria tanto de calmamente dormir.
O outro expondo em nossa frente, de maneira irredutível,
irrefreável, incontornável, mais do que as vísceras,
a cavidade por onde elas emitem suas formas, odores
e tingimentos,
o outro expondo sofregamente em alguns minutos
– ou pouco mais – o que de mais íntimo, esquivando-se,
vergonhoso,
escondeu durante anos, o outro finalmente expondo sua
verdade
sofrida, expondo-se de fato, expondo seus fatos,
trazendo você para dentro da cratera,
implicando-o nela, não lhe deixando alternativa
para você dizer que não tem nada a ver com todo aquele vazio,
com toda aquela sujeira. Ou talvez tenha.
E talvez você tenha mesmo de fugir
por um tempo, talvez tenha chegado o momento
de o amor trazer o seu reverso – que sempre chega –,
o seu ódio, o seu horror, o seu desprezo.
E talvez por isso mesmo tenha chegado o seu momento
de fugir,
e talvez seja disso que trate a poesia,
do jeito que cada um tem de se afastar,
do jeito que cada um tem de se safar,
e talvez seja também isso, o rastro de uma fuga
minimamente bem-sucedida, a poesia.
E talvez seja ainda isso que ele tenha querido dizer
ao escrever: "Pensei em navegar um pouco
e visitar o mundo das águas. É o meu jeito
de afastar a melancolia e regular a circulação.
Sempre que começo a ficar rabugento, sempre

que há um novembro úmido e chuvoso
em minha alma, sempre que, sem querer,
me vejo parado diante de agências funerárias,
ou acompanhando todos os funerais que encontro,
e, em especial, quando minha tristeza é tão profunda
que se faz necessário um princípio moral muito forte
que me impeça de sair à rua
e rigorosamente arrancar os chapéus de todas as pessoas,
então percebo que é hora de ir o mais rápido possível
para o mar. Esse é o meu substituto para a arma e para as balas".
Nem todos temos o mar para nós ou, se o temos,
não o temos suficiente para ser o nosso substituto
para a arma e para as balas. Não fugimos necessariamente
para o mar, mas fugimos para algum lugar, mar,
ásias, áfricas, músicas, amazônias, desertos,
fugimos para onde, quando saímos de casa,
os mais diversos horizontes nos chamam e, para eles,
por exemplo, escondidos por detrás das muitas montanhas,
rodam os pneus da bicicleta. Na fuga,
erramos muitas vezes por vales e cumes, para cima e para baixo,
por tiras de terras esquecidas entre a floresta espessa.
Em sentidos opostos, fugindo, o pensamento e o corpo
procuram uma planície, com ventos favoráveis
a conduzi-los, finalmente com conforto, numa mesma direção.
Em ocasiões, na fuga, a sorte vem, trazendo e preservando
consigo,
ainda por um bom tempo, a alegria mais cotidiana
(e aos alegres uma outra vida é concedida).
Por uma trilha qualquer antiga, ainda encontramos,
na fuga, uma cachoeira abandonada,
em cujo poço nos satisfazemos em mergulhar.
Fugimos, por exemplo, para um sítio qualquer, e,

para além do caminho a dar neste sítio,
pedalamos pelo acostamento de uma autoestrada sem fim
até as pernas enrijecidas, os íngremes pulmões e os
pensamentos vãos
não aguentarem mais; é hora de um banho no rio por perto
ou de olhar em volta até descobrir piscinas de águas naturais.
É hora, quem sabe, de um poema como este querer começar
a nascer.
Visitamos cotidianamente na fuga o sol, as nuvens densas,
os brilhos contrastantemente coloridos do céu,
as pancadas súbitas de chuva e os relâmpagos
que, ao caírem sem parar,
em noites abertas sem jamais suspeitarem das águas
das chuvas,
nos deixam num estado de admiração
como só com os fogos de artifício na virada do ano em
Copacabana.
Senão mais frequente, o momento da fuga é, entretanto,
mais demorado, fazendo de nós por mais tempo crianças
perdidas, mas abismadas com o novo que encontram.
Por esta criança em fuga, por esta alegria que resta,
por esta admiração retornante, que também chamamos amor,
lutamos, muitas vezes em vão, para ela permanecer em nós,
para nós permanecermos nela, sem que ela escape de nós
como um búfalo arisco que não se deixa agarrar à unha
pelos chifres,
sem que ela escape de nós como o entardecer de uma
paisagem
no qual quanto mais adentramos mais o perdemos.
O que procuramos no amor não são suas questões
sufocantes a nos fazerem fugir
dele, mas algo da própria fuga, da própria criança,

ainda que perdida, da própria alegria, da própria admiração.
Algo me diz que sem a fuga, não do amor,
mas no amor, não há a possibilidade do amor.

VI

O LIVRO DE HOJE DO AMOR

Há a lei da gravidade pesando alguns sentimentos
contra o chão. Um amor perdido, outros,
partidos, outros, vividos ou não,
deixando no ar um rastro de aflição.
Poucas vezes estamos no lugar em que deveríamos estar,
mas não entendo como, se hoje a festa é lá,
vim parar por aqui onde estou. Se eu gritasse,
talvez o vento deste ar-condicionado levasse o grito
quem importa para onde. Se eu gritasse, quem
seria capaz de esvair meu grito
com mais rapidez do que o sopro deste ar-condicionado?
Os carros continuam passando na rua e alguém,
mais uma vez, quis acabar com o mundo.
Já trepei com putas, viados, travestis
e pessoas muito amadas. E mesmo aquelas
com quem não passei mais do que uma noite,
mesmo aquelas com quem passei menos que uma única noite,
mesmo aquelas nas quais dei apenas um ou dois beijos,
eu poderia ter verdadeiramente amado. Eu poderia tê-las
amado muito. Espremido-as entre a água e o vidro
de meu aquário para nos dar a todos um pouco mais de mar.
Para oxigenar o aquário, para empurrar o vidro
alguns milímetros para fora, para ampliar o espaço,
para não precisar saltar para fora do aquário.

Eu poderia tê-las amado muito como amo você.
Eu poderia tê-las feito realizar algum sonho como fiz com você.
Eu poderia ter-lhes dado momentos de muita alegria
como nós dois nos damos momentos de muita alegria.
Eu poderia tê-las feito sofrer como nos fiz sofrer.
Eu poderia ter... Assim é o amor,
com sua sintaxe esburacada.
Há anos, tentei arranjar O livro de hoje do amor.
Fiz o arranjo, mas não me deixaram publicá-lo
justamente por causa do amor com sua sintaxe esburacada,
justamente porque esburacaria ainda mais
os buracos de algum amor. Na stand up comedy
de ontem, o cara disse não entender
como um homem larga sua mulher
para se casar com a amante, que isso
é como estar numa cela de prisão e escavar um fosso
que vai dar na cela de uma outra prisão.
Aqui, as imagens da fotografia saem do papel,
começam a falar, os personagens e cenários
dos filmes saem da tela, a trilha sonora
de que gosto toca no meu itouch
enquanto caminho pela Lagoa, ou a de que gostamos,
enquanto namoramos na varanda do meu apartamento
ou na do Vale do Socavão. Quantas vezes escutamos juntos
Brad Mehldau, Susanna, Eddie Verder, Cartola,
Odair José, a playlist dos bregas... Aqui,
a legenda e as imagens estão dessincronizadas,
parecem provir de filmes diferentes
que se enxertam no momento mesmo
em que um outro filme está sendo feito
em nossa própria língua. Em nossa própria língua?

Em que fotograma perdido se encontra
uma superfície amorosa de minha vida?
Em que fotograma perdido se encontra
uma superfície de minha vida amorosa?
Em que fotograma perdido se encontra
uma superfície amorosa de minha vida amorosa?
Alcançar uma superfície, algo me diz
que quando alcanço uma superfície
ela me faz entregar-me mais facilmente a um fora qualquer,
e entregar-me mais facilmente a um fora qualquer
é entregar-me mais facilmente ao corpo
da alegria. Porque eu vivo, eu vivo e, vivo, lhe desejo
desde a segunda ou a terceira vez
que a revi, quando eu pedi a você que ficasse
enquanto os outros iam embora. Diferente da primeira
que a vi, dessa vez, repetindo nossa história,
você ficou. Foi, então, um jogo de mãos
por sob a saia, por entre as coxas, por sobre a calcinha,
pelo entorno e por dentro da buceta,
os dedos como se fossem línguas
antecipando os beijos da boca, os olhos olhando a umidade
dos olhos e vendo você de frente e, de repente,
sem roupa e vendo você de quatro e, de repente,
sem roupa e vendo você por volta de mim
me enlaçando e me vendo por dentro de você
a perfurando. Não adianta, a vida é assim.
Enquanto eu viver, que seja em nome de instantes
iguais a esse, que seja em nome de instantes,
que seja em nome do amor, que seja em nome
ao menos de instantes de amor. Estamos imersos no tempo,
ainda que, subitamente, nos damos conta de que
o mais importante do que vivemos

se passa por fora dele. Como seu rosto desesperado
de êxtase na hora do gozo,
como a lágrima que escorre de seus olhos felinos,
como o grito que passa arranhado pelos dentes
contorcendo sua boca. Mas por que é preciso
recobrar o tempo? Por que é preciso
recobrar o tempo e me chamar de um nome
que nem é o meu? Por que é preciso
recobrar o tempo e me chamar pelo nome
destrutivo de seu ex-marido? Por que se ancorar,
de novo, no tempo, no tempo de um nome,
mesmo que esse nome fosse o meu nome? Por que eu
também recobro o tempo em um nome,
no seu nome, se nos damos conta de que o mais importante
do que vivemos se passa por fora do tempo
e dos nomes? Por que, se nos damos conta
de que o mais importante do que vivemos
se passa por fora do tempo e dos nossos próprios nomes,
se passa decisivamente por fora dos nossos nomes próprios?
Porque acabamos por estar em um aquário
e o que nos cabe é espremer o amor entre a água e o vidro
para nos darmos um pouco mais de sal,
para nos darmos um pouco mais de mar,
para conseguirmos tocar a pele áspera e delicada
de uma estrela
do mar, sentindo o veludo de um mundo inexplorado
em nossas mãos, para ampliarmos o espaço
alguns milímetros, para oxigenarmos o aquário,
para, na impossibilidade talvez de quebrarmos o vidro,
não precisarmos saltar para fora do aquário.
Como naquela vez em que o travesti da Glória quis
comer você

num quarto barato de um motel qualquer (ou teria sido
ainda no banco do carro, na calçada de uma rua
mal-iluminada?)
e tanto para você quanto para mim foi um milímetro ou mais
do vidro do aquário se estendendo, ou como naquela vez
em que pegamos duas putas em Copacabana,
trazendo-as para a casa, e nos sentimos naquela noite
muito mais livres do que as duas putas juntas, foi também
como se o vidro de nosso aquário se afastasse
um milímetro ou mais de nós e nós pudéssemos respirar
melhor
um volume maior de ar. Ou como, ao contrário,
nas vezes em que eu a cindo entre mim e sua vida familiar,
entre mim e seu filho, entre mim e seu lar, nas vezes
em que eu a cindo entre mim e você, entre você e você
mesma,
ou quando nas vezes em que você me cinde entre mim
e meu passado, entre mim e minha ex-mulher, entre mim
e você,
entre mim e mim mesmo, ou quando me desesperou
o fato de você trazer o que seria um filho nosso em sua barriga
(quando me desesperou o fato de eu poder ter um filho),
como, nessas vezes, o vidro de nosso aquário,
tanto o do meu quanto o do seu quanto o do nosso,
se torna mais estreito e perdemos nosso ar
e, com o ar que perdemos, perdemos mais do sal da força
da vida.
Chamo de amor o que a você me prende,
o vidro que ora me asfixia, o vidro que ora
me oxigena. Ao deslocar-se deste vidro
de que preciso, chamo: amor.
Do deslocar-se deste vidro de que preciso,

ora me aproximo, ora me afasto.
Nos tempos curtos que passo fora, em cidades
deste ou do outro lado do Atlântico, sinto falta apenas
de lhe oferecer um outro olhar seu –
com suas novas exclamações – das coisas que vejo.
Quando retorno, arrastados pelas águas salgadas
da nossa cidade, arrastados pelo que há de líquido
e montanhoso em nosso cenário,
vamos constantemente a muitos bares, caros e baratos,
rimos e choramos, bebemos os mais diversos tipos de álcool,
nos amamos e terminamos e nos amamos. Muitas vezes,
seu cigarro parece pontuar a pausa de que precisa
de mim ou mesmo de você: você se torna então
uma península. Cercada do mar de fumaça que a absorve,
mas com um fio tênue de terra a vinculá-la ainda
ao continente. Não importa de que cor,
se da cor do vinho ou da água, se da cor da cerveja
ou da cachaça, se da cor das frutas caipiroscas
ou dos drinques com sombrinhas chinesas,
não importa se da cor noturna do uísque
ou se da cor ensolarada do absinto, não importa se vestido
com as explosões de um céu invisível
ou com a mansidão de um entardecer em um canto da piscina,
são sempre os dedos do amor
que cobrem as horas, as noites, as tardes e os dias.

VII

RABISCOS DA INTIMIDADE ANUNCIADA

seu nariz continua escorrendo.
de tempo em tempo, ela vai ao banheiro

assoá-lo. volta para a cama.
a tosse aumenta, ou diminui, na exata medida
da quantidade de cigarro e maconha que vem fumando.
quando ele se levanta, o tubo da pasta de dente
está apertado pelo meio
e pedaços do creme grudados na pia.
na mesma pia em que ela assoou o nariz.
eles usam as escovas ao acaso.
ela pinta a unha para ficar mais bonita
e não roer a do mindinho.
invariavelmente, ele faz café enquanto lê o jornal no computador,
o que o faz reconhecer
repetidamente
o novo dia.
para ser mais claro: é o café, muito mais do que o jornal,
que o faz reconhecer
repetidamente
o novo dia.
chega a vez de ela ver os e-mails, as postagens,
algumas músicas e animações,
deixando o café para tomá-lo, como ela gosta,
também frio. um dia,
ele mostrou para ela as pinturas animadas
de o velho e o mar, de aleksandr petrov,
e depois ela passou o filme em sala para os seus alunos
de 5 anos, que lhe pediram para o rever
em outras aulas do ano.
quando está com dor de cabeça,
ela toma remédio, mas prefere
os longos minutos que então passa no banho quente.
eles pegam muito trânsito juntos

saindo da cidade nas sextas-feiras.
a música que ela escolhe para dançar em casa,
para afastar a tristeza, é sempre a mesma:
nine out of ten movie stars make me cry
i'm alive. i'm alive and vivo muito vivo, vivo, vivo
feel the sound of music banging in my belly.
hoje, perto do natal, eles foram visitar uma amiga
que lhes telefonou depois de 26 anos,
nos horários mais improváveis,
dizendo que estava internada na clínica san roman.
ela se portou muito melhor do que ele,
muito mais falante com a amiga, muito mais esperançosa
para a amiga, muito mais carinhosa com a amiga em comum,
muito mais alegre com a amiga do que ele.
tem horas em que bate um silêncio nele
sem palavras, em que ele não consegue encontrar
nenhuma palavra, em que ele fica ensimesmado
como na maioria das vezes em que fuma maconha,
o que lhe faz pensar depois
que a linguagem é um jogo de fora, uma festa,
que linguagem, festa, fora e jogo andam juntos.
a amiga fumava ininterruptamente
e dorme no quarto com uma senhora
que não se levanta mais da cama
nem fala uma palavra sequer,
apesar de dirigir mais ou menos o olhar
para quem fala com ela
(ele sabe um pouco, apenas um pouco, o que é isso –
ela deve estar muito ensimesmada,
muito mais do que o pouco
que ele é capaz de suportar,
e talvez não seja inteiramente absurdo pensar,

como ele pensou, que enquanto há o uso da língua
ainda existe uma maneira de combater a solidão).
os remédios da psiquiatria, a família, sabe-se lá se os amigos.

AUTOBIOGRAFIA NO ABISMO DE UM ENJAMBEMENT

"Escrevo para conviver com uma marca
que desconheço", é o que pensava enquanto
dirigia seu carro, às sete da manhã,
pela rua deserta. Não de troncos, águas,
lamas, lixos, escombros e os sinais da morte
de uma catástrofe anunciada pelo rádio
na voz, ao vivo, do prefeito, a não deixar
ninguém sair de casa, nem pra trabalhar.
A coisa parecia mesmo séria: o tom
da voz ao vivo do prefeito às sete e quinze
da manhã, numa rádio destinada à música
popular brasileira, piorava, em muito,
a chuva vista pelos vidros do automóvel
que, se era forte, nunca iria impedi-lo
de chegar, pontualmente, às sete e meia, à sala
do corredor H, da Letras, no Fundão.
Talvez ele também pudesse estar pensando
que dá aulas do mesmo jeito que ele escreve:
para aprender a conviver com uma marca
que desconhece. Não importa. Quem está
no momento pensando tal alternativa
sou eu, não ele, que pensou o que eu já disse
e não vou repetir mais uma vez. Pudera!
Quando chegou à faculdade – finalmente –,
passando por piscinas d'águas quase olímpicas,
terras amontoadas pelas avenidas,
postes sem fios, como as árvores, caídos,
carros quebrados, com pneus furados, motos

largadas em qualquer calçada enlameada,
viu que toda dedicação foi mesmo em vão,
que seu entusiasmo foi por água abaixo:
ninguém na faculdade: só Jorge Fernandes,
a quem estava programada uma homenagem.
Melhor seria ter ouvido a namorada
que lhe telefonara, cedo, prevenindo-o,
dizendo que o colégio não iria abrir,
para tomar cuidado e não sair de casa.
Mas agora era tarde. O que falavam era
que estava tudo engarrafado como nunca,
o Centro, interditado, o Aterro, sem passagem,
que nem cruzasse o campus pra pegar a Linha
Vermelha, pois por ela só os ambulantes
conseguiam andar. O jeito era esquecer.
Tentou a biblioteca, mas estava, claro,
fechada. Resolveu então voltar pra casa.
Nunca viu uma coisa como aquela: dez
horas, eu disse, dez, até chegar em casa.
O pior inda estava para acontecer.
Sua mãe lhe telefonou estarrecida
dizendo ter passado a tarde toda presa
no carro, quando foi a Ipanema atrás
de comprar um casaco visto numa loja.
– Mas mãe, meu Deus, por que você comprou a roupa
hoje, não poderia ser um outro dia?
E, antes que ela pudesse responder, pensou,
assustado, que sua mãe fazia compras
para aprender a conviver com uma marca
que também ela – tal qual ele – desconhece.

PARA QUE POETAS
EM TEMPOS DE TERRORISMOS?

na disputa entre o estado e o terrorismo,
na conciliação do estado com as empresas
pelo lucro do capital acima de tudo,
na sobreposição do templo com o banco
dispondo a cada momento da fé ou do crédito
de todo exército com as armas em sua defesa,
na definição do dinheiro (que já foi chamado
de homem) como o único animal que bombardeia,
fico com as pessoas comuns, quaisquer,
com os rios, os bichos e as matas, com os que sentem
na pele até não serem mais capazes de sentir.
terrorista, hoje, é o outro, o que, coisificado, escapa
às diversas escalas, maiores ou menores,
da época do pau de selfie que vivemos,
terrorista, hoje, repito, é o outro, o inferno
do outro, o outro enquanto inferno, terror.
abrir as portas para o mais próximo, para o mais
parecido, para o semelhante, é um gesto belo
e necessário, mas é pouco quando, ao mesmo tempo,
o outro, quem quer que seja o outro,
o outro mesmo, o tido como o mais distante,
é trancafiado do lado de fora, bombardeado,
e, antes, fabricado para ser exatamente o outro
a ser atacado, para dizer que o ato do outro
fabricado é um ato de guerra, un act de guerre,
an act of war, contra isso que nós somos,
contre ce que nous sommes, sendo que isso
que nós somos é imposto como

toda humanidade e os valores universais,
all humanity and the universal values,
como eles disseram com cinco
anos de intervalo ou ao mesmo tempo
na mesma fala ensaiada na mesma língua
de guerra, do aniquilamento do outro, que falam.
it's war, baby, c'est la guerre, mon amour,
la france est en guerre, america is at war,
vamos tomar um champanhe com os diretores
da samarco, da billiton, da vale do rio doce,
do jornal o globo, comprar todos eles,
a maioria dos políticos e sair o quanto antes
com a petrobrax (e com o que mais der)
debaixo do braço, c'est la guerre, ma cherie,
it's war, darling, nós, os civilizados,
declaramos "guerre aux barbares",
gozemos então sinistramente com as mortes
dos outros, somos franceses, somos americanos,
somos franceses, somos americanos, somos
franceses, somos nós, somos... que ninguém
pergunte pela porra disso que nós somos
porque talvez não sejamos mais porra nenhuma.
é guerra. é guerra, declara o estado, no mesmo
impulso colonialista de sempre, é guerra, declaram
os estados, favorecendo-se irresponsavelmente
a si mesmos, forjando um laço interessado
com a opinião pública midiática, quando, no fundo,
coloca-se, com a mídia, autoritário, entre uma pessoa
qualquer e outra, entre uma pessoa qualquer
e a vida e o mundo, entre uma pessoa qualquer
e si mesma, escondendo-se ali e ali atuando,
eis a guerra, o espetáculo de hoje, o rompimento

de todos laços sociais e de intimidade. eis a guerra.
é guerra por lá, é guerra declarada por aqui,
o crápula criminoso do presidente da câmera
declara guerra à presidenta da república
(e a todos os cidadãos que participaram de sua eleição)
aceitando um pedido de impeachment forjado
para tentar se livrar das milhares de acusações
comprovadas dentro e fora do país
contra ele, chantageando-a, chantageando-nos
e parando toda movimentação política
propositiva, dizendo, ainda, com desfaçatez,
que não faço o pedido de impeachment
por nenhuma motivação de natureza política,
é guerra, eis a guerra, o líder do partido
da presidenta na câmera declara em seguida
que vamos para a guerra, é guerra, eis a guerra,
o presidente de um movimento popular
diz que seu exército está pronto para ir às ruas,
é guerra, eis a guerra, a polícia executa cinco jovens
negros que comemoravam o primeiro emprego
de um deles com 111 tiros metralhados,
com 111 tiros fuzilados, contra o carro
em que estavam, contra seus corpos
e contra suas vidas, porque negro jovem não pode
viver neste país que mata 84 negros por dia,
a maioria jovem, guerre aux barbares. é guerra.
é guerre aux barbares. é guerra, eis a guerra,
a polícia do governador de são paulo
solta bombas, sprays de pimenta, cassetadas,
porradas, tiros e o que mais houver
de horror nos estudantes adolescentes de escolas
públicas (les barbares) que se manifestam

contra o fim da escola pública, contra o fechamento
de 94 escolas públicas decretado pelo governador
e o governador diz que há motivação política
por detrás da ocupação das escolas pelos alunos,
mostrando que motivação política
não pode mais haver no estado
de polícia, no estado de guerra,
exatamente a mesma compreensão de política
do presidente da câmara, ou seja, de novo,
de que não pode haver política, apenas
a instauração da era do fim da política, do início
da era da era da polícia, é guerra, eis a guerra,
o chefe de gabinete da secretaria estadual
de educação de são paulo afirma que a situação
com os alunos adolescentes é de guerra
e que o governo vai desmoralizar e desqualificar
o movimento estudantil na base da porrada
e da violência generalizada. é guerra.
é guerra por lá, por aqui, por aí, por sei lá onde,
por toda parte. o oriente é terrorista, a áfrica
é terrorista, a natureza é terrorista, manifestantes
são terroristas, professores são terroristas,
alunos são terroristas, educação é terrorista,
bebês são terroristas, negros são terroristas,
pobres são terroristas, índios são terroristas,
catadores de latas são terroristas,
travestis são terroristas, transexuais
são terroristas, mulatos, albinos e mosquitos
são terroristas, mulheres são terroristas,
homens são terroristas, como são terroristas...
hoje, em qualquer lugar do mundo,
terrorista é o outro, quem quer que seja

o outro, você, quem quer que você seja,
o outro, mesmo que o outro no meio de nós
e o outro em cada um de nós. somos todos,
as pessoas comuns, quaisquer, terroristas.
para que poetas em tempos de terrorismos?
para que poetas em tempos de terrorismo
religioso de todos os lados do planeta? para que
poetas em tempos de terrorismo da verdade
plena e integralmente revelada? para que poetas
em tempos de terrorismo midiático? para que
poetas em tempos de terrorismo econômico?
para que poetas em tempos de terrorismos?
o último poeta morreu em 1914, ele disse.
não há mais poetas, os poetas morreram.
sobrevivemos, destroçados, em pequenas comunidades
que nem comunidades são, sobrevivemos esquecidos
em nossas solidões, sobrevivemos impotentes
diante dos terrorismos de todos os dias, diante dos
micros e dos macros terrorismos, sobrevivemos,
de algum modo (ainda que não nos matem
nem nos prendam e que nos deixem ter,
ao menos a alguns de nós e por outros motivos
que não a poesia, algum dinheiro para sobreviver),
sobrevivemos, de algum modo, então, como os índios,
como os garotos do tráfico, como os homens-bombas,
como os enlameados, como os mortos
pelo tráfico, como os mortos pelos homens-bombas,
como os mortos e desabrigados pelas mineradoras...
mas nunca como os donos do tráfico, das indústrias
bélicas, dos estados, dos que levam os homens-bombas
a se tornarem homens-bombas (afinal,
ninguém nasce homem-bomba

como ninguém nasce poeta).
o que sobrou para nós foi a nossa impotência,
o último reduto de uma força – frágil – crítica –
que podemos ter, a que pode mostrar
como poucas outras os poderes estabelecidos
que nos assolam. enquanto nossos fantasmas
ainda se fazem, de algum modo, percebidos,
ao menos por nós mesmos e por um ou outro
que não fazemos ideia de quem seja,
seguimos como conseguimos seguir,
porque também os fantasmas
que somos, que já buscamos
algum tipo de pertencimento,
buscamos, agora, somente o que fazer
com o quase total despertencimento
em que nos encontramos no mundo atual.

A TESTEMUNHA

Quando me sentaram na cadeira
com a pequena mesa sobre a qual se erguia um microfone,
imediatamente em frente ao meu olhar,
para que eu não tivesse como não o ver
(apesar de ele não ter cruzado seus olhos com os meus
por nenhum segundo), mais alto, entretanto,
do que o lugar em que eu me encontrava,
de maneira que, para olhar para ele,
eu tinha de erguer os olhos,
como se ergue os olhos em uma igreja
para ver o púlpito,
ainda que ele não rebaixasse seu olhar
para olhar o meu,
ele com beca ao centro da mesa imponente,
à sua direita, a promotora e, de seu outro lado,
o escrevente manuseando por vezes um computador,
eu, também ao centro, mas abaixo dele,
abaixo deles, de frente para ele, cara a cara com ele
e, com leve movimento lateral que eu fazia da cabeça,
com ela, a promotora, e, pelo outro lado,
com o escrevente, que não me chamava tanta atenção,
vi que, ao centro, acima dele,
no ângulo reto que a parede
fazia com o teto, uma câmera me filmava
e que, abaixo dela, também ao centro,
em uma altura intermediária entre ela
e a cabeça dele, uma televisão mostrava
o que a câmera filmava, eu, no primeiro plano, ao centro,
atrás de mim a sala grande, cheia, os réus,

seus familiares, seus amigos, seus advogados,
ativistas e outros curiosos que ali se encontravam,
a televisão mostrava todos nós,
mas não o mostrava, como se também dele
não se pudesse haver imagem, como se a imagem
dele fosse interditada, ele, o sem imagem
dentro do que a câmera filmava
e a televisão mostrava, eu tenso,
sem saber do tempo que passava,
escuto a voz dele soando pela primeira vez
pelas caixas de som, adentrando o meu ouvido,
como se fosse uma voz soando sem sentido,
ou melhor, como se, do sentido do que ele dizia,
eu guardasse apenas a palavra "juramento",
achando que eu deveria então jurar
que diria a verdade, apenas a verdade,
nada mais do que a verdade, foi quando
eu disse "sim", mas, então,
com certo constrangimento, dei-me conta,
pelo burburinho, de que não era para ter dito "sim"
nem "juro" (que evitei dizer por não acreditar em Deus,
ao menos, no que se entende por Deus
de modo geral e nessas horas de juramento),
e, ao me dar conta do impasse em que caíra
achando que eu teria de jurar, achei-me ingênuo
– como se ele, logo ele, acima de mim,
tivesse de ter, de mim, a confirmação
de meu juramento, claro que não,
claro que ele não estava me perguntando nada,
ao contrário, estava apenas me avisando
de que eu, querendo ou não, dizendo "sim"
ou não, dizendo "juro" ou não,

já estava sob juramento, diante dele
ao centro, acima de mim, diante da câmera
ao centro, acima de mim, diante da televisão
ao centro, acima de mim – diante de meu impasse,
sem saber o que fazer para me livrar dele,
escuto uma outra voz falando pelo microfone,
de modo que girei meu tronco e minha cabeça
para a lateral direita, em uma linha oblíqua a mim,
olhando nos olhos de quem descobri então ser
o advogado de defesa que também me olhava
e me perguntava, fazendo-me falar
ao microfone à minha frente, meio torto,
olhando para ele, respondendo como podia
às suas perguntas, de maneira que,
a partir de então, não olhei mais para aquele
que, diante de mim, ao centro, acima de mim,
não me olhara por nenhum segundo.

NAQUELA ÉPOCA

Naquela época não eram ainda os sonhos
que me acordavam, mas o grito
do porco sendo demoradamente abatido.
Eu me levantava de súbito às pressas,
correndo para o galpão do sítio a tempo de ver
a paixão suína, o animal amarrado pelo pescoço
a um tronco, o machado às avessas voando
em golpe, nem sempre certeiro, em sua testa.
Quando ele demorava a cair, comigo
por ali atônito, diziam, para todos ouvirem,
que havia alguém com pena do porco
– por isso ele não morria. Não sei se minha culpa
começou ali (é bem provável que ela venha de antes),
mas ali ela era regada a gritos, tragédias, a sangue
de quando o punhal adentrava finalmente
o peito do bicho, molhando em jorro meu coração
de criança. A culpa de seu sofrimento maior
do que seria necessário, de seus berros lancinantes
de vida e de morte, das contorções de seu corpo
a se debater em desespero contra a corda e o tronco,
da vida brigando para tentar o impossível de escapar
da morte, certamente era minha, que dele tive dó,
e não, ao que parece, daquele que errava o golpe,
adiando o desfecho fatal nem, sobretudo, daquele
que o mandara matar, mas minha, a culpa,
pouco importa se por transferência ilegítima,
a culpa, pelo menos dali em diante, certamente era minha,
como passou a ser minha uma identificação qualquer
com os que, apesar de tentar, não encontram saída.

Estrebuchando, o porco então caía, faltando pouco
para morrer (ele não era como o carneiro,
cujo corpo continuava berrando em tremores
mesmo quando, pendurado, lhe cortavam a cabeça
fora). Com o porco morto, a peixeira amolada
rasgava-lhe o ventre, do pescoço aos
colhões, começando, em seguida,
pelo rasgo, pontear por dentro a faca, que raspava
separando o couro da carne, até, depois,
– trabalho de perito –, cortar as carnes
para elas serem distribuídas e guardadas
antes de chegarem à mesa. Apesar de tudo
e com tudo, aquilo me fascinava.
Os porcos tinham nomes: Dona Iná,
Irene, Tremendão, Bastos, Faria e outros
que hoje perambulam a minha imaginação como nomes
perdidos, sem a âncora dos porcos a lhes segurarem,
nomes cujas carnes, ossos, vísceras e sangue
só existem agora na memória de algumas dores
que resolveram se inscrever neste poema.

DIVINA COMÉDIA HUMANA

fico pensando que ele largou a casa,
os filhos, a mãe, a mãe viva, e fico pensando
que mesmo a mãe morta,
no enterro, ele largou, fico pensando
que ele largou a mãe morta
no enterro como largou a casa, os filhos,
o palco, o país, fico pensando que ele largou
os carros, que ele largou um dos carros inclusive
no estacionamento do aeroporto pelo qual
largou o país, fico pensando que ele largou
os contratos profissionais, os contratos
econômicos, os contratos paternos, os contratos
fraternos, os contratos amorosos, fico pensando
que ele largou os contratos, que ele largou o escritório,
que ele largou a justiça, que ele largou
os débitos, fico pensando que ele largou os débitos
com os filhos, os débitos com a mãe, os débitos
com a mãe viva e com a mãe
morta, que ele largou os débitos com os amigos,
com o país, com o palco, com os contratos,
com a justiça, fico pensando que ele largou
o público, que ele largou a praça, que ele largou
o palco, que ele largou a vontade de cantar,
que ele largou a vontade de falar, que ele largou
tudo, fico pensando que um dia ele cantou
que enquanto houvesse um modo de dizer não
ele cantaria, fico pensando que ele largou
até o canto enquanto um modo de dizer
não, fico pensando que ele largou o canto

de dizer não, que ele largou tudo, absolutamente
tudo, mas que ele só não largou
uma obsessão, fico pensando que ele só não largou
a obsessão de traduzir para a linguagem
popular os 14.230 versos da Divina Comédia,
da Divina Comédia que intitula a música
na qual ele dizia que enquanto houvesse
um modo de dizer não ele cantaria, fico pensando
que ele largou até mesmo o canto e sua música
de um modo de dizer não, mas fico pensando
que ele apenas não largou
a tradução para a linguagem popular
dos 14.230 versos da Divina Comédia,
fico pensando nisso como uma obsessão,
como uma obsessão que não consigo largar.

VALE DO SOCAVÃO

Eu estava só, com um livro,
sem saber, ainda,
se um livro me tira
da solidão ou se na solidão
me insere, eu estava só,
nos arredores de uma casa
que nem é minha, sem saber,
ainda, se essa casa,
ou sua vizinha, que,
desde há muito,
sem ser minha, habito,
me tira da solidão
ou se na solidão me insere,
eu estava só, quando,
nos dias anteriores,
havia visto você passar
por perto, sem saber,
ao certo, se, a cada vez
que partia charmosamente
desengonçado, era porque
me vira ou se alguma força
desconhecida (por mim)
o fazia partir, eu estava só,
deitado na sombra
por entre as árvores,
nos arredores da casa
que habito, lendo um livro,
sem saber se a sombra,
as árvores, a casa e o livro

me tiram da solidão
ou na solidão me inserem,
quando você lentamente
chegou, sem me ver,
e, dessa vez, quando me viu,
aproximou-se ainda mais
de mim, parou, colocou
a língua para fora,
enquanto eu, atônito,
me lembrava de Lawrence
dizendo que, se os homens
fossem tão homens
quanto você é você,
valeria então a pena serem
olhados, eu estava só,
sem saber se sua presença
há dois metros de mim
olhando para mim
na mesma altura em que eu,
deitado no chão
por entre as árvores,
também o olhava,
me tirava da solidão
ou na solidão ainda
mais me inseria,
eu estava só
com você, sem saber,
o que você via
em mim, mas sabendo
que o que quer que
você, como esfinge,
visse em mim,

nem me decifraria
nem me devoraria,
mas me deixaria
tão somente ali,
atônito, sendo
o que sem saber
eu sou, diante
apenas do enigma
que você tampouco
jamais revelaria,
enquanto eu ficava
ali, sem saber
se você, lagarto,
me tirara ao menos
um pouco da solidão
ou se nela ainda mais
um pouco me inserira,
então você, charmosamente
desengonçado, foi,
mais uma vez, embora.

VALE DO SOCAVÃO

Quando eu cheguei aqui,
já estavam as pedras, os animais
e as árvores, já estavam
o rio, o céu e as estrelas,
quando eu cheguei aqui,
já estavam a terra e o capim,
o sol e as chuvas e os raios
e os trovões já estavam aqui.
Quando eu cheguei aqui, eu cheguei
depois, como todas as pessoas
que aqui chegaram
chegaram depois, e eu cheguei
ainda depois de algumas pessoas
que também já estavam aqui
antes que eu tenha chegado.
Eu cheguei depois. Eu sempre chego
depois que qualquer outro
tenha chegado, e, como eu chego
sempre depois
de qualquer outro,
são com esses e outros quaisquer
outros que chegaram
antes de mim que eu chego
ainda agora, que eu continuo
e continuarei chegando
depois, depois, desde sempre
e inclusive agora, eu chego
depois. Mesmo daqueles
que supostamente chegaram depois

de mim, eu cheguei e sigo
chegando depois. Eu chego depois.

EM OFF

escrito com Danielle Magalhães

muitas coisas são ditas em off
muitas coisas em off são ditas nos bares
quando se toma no chope a amizade
na amizade muitas coisas são ditas
em off coisas das quais os poemas são rastros
como são rastros as coisas ditas em off
em meio à amizade e ao chope
são rastros dos rastros da vida a vida
selvagem em rastro rastreando
e se deixando rastrear se deixando
farejar por um bicho que levanta seu focinho
cheirando no vento cheirando uma força
maior no vento cheirando vida no vento cheirando
esse bicho com o focinho ao vento esse poeta-
bicho coisas que não teríamos como saber
ao ler um poema senão cheirando no vento
do poema como um bicho mas que no bar
em off são meio que ditas entreditas
interditas que vazam pela amizade no calor
dos corações compartilhados interditando
a interdição vazando em off
escolhendo dizer escolhendo deixar
vazar escolhendo deixar vazar
diretamente ou quase com medo
de que não dizendo ainda assim
vazasse como uma das táticas de sobrevivência
mais extremas escolhendo deixar vazar

por cuidado vazando sem escolha
sem poder escolher desconcertando vazando
sem querer por descuido vazando
na vazante no calor quente da hora
da amizade quando o sangue corre de um corpo
a outro corpo pelas vozes vermelhas
que falam umas com as outras
as vozes do que no calor quente
e vermelho do sangue da amizade é dito
em off de corpo a corpo a amizade
sendo bebida em goles e vazando
e transbordando os copos os corpos
neste ofício do calor que não diz
apenas o preparo do poema seu antes
sua motivação sua dor mas que
por fora do poema em off com outro poema
inimaginável com outro poema em off
que não se sabe nem se quer poema
com um poema com um não poema se fazendo
de uma veia a outra de uma veia dos olhos
a outra de um nervo a outro de um olhar
a outro de uma dor doída a outra doída
e ainda por doer e ainda por dizer
na alegria do chope a voz o possível
do corpo que vaza em off um poema
em off vazando sem que se saiba poema
um off do poema uma voz em off
por fora do poema mostrando na amizade
o poema em off a voz vermelha dizendo
em off marcada pelo sangue dizendo
doando seu sangue em transfusão
aos corpos entregues à amizade

a transfusão do sangue a transfusão
da voz a transfusão dos corpos
a voz dizendo em off o que não era
para ser dito há uma voz que não está
no poema nem por trás do poema há uma voz
antes uma dor escrever uma dor
escutando o delírio escutando os fantasmas
da voz escutando as vozes dos fantasmas
que circulam por dentro e por fora
da cabeça no cômodo no apartamento
que sequestram o corpo escrever
para não sucumbir a essas vozes para
aprender a conversar com elas
a beber com elas num bar escrever
escutando uma dor uma voz caindo
próxima ao chão no poema como estar
mais próximo ao chão
corpos entregues
uma marca indecifrável
pelo sangue em off ali
doendo pela voz marcada
fora do dito
do poema ali quase
dizendo uma fragilidade
estar mais próxima estar rente
ao chão corpo a corpo encontrando
uma linguagem da precariedade ali
há algo que não está dito
nas bordas das palavras
algo transborda uma dor vaza
pelo chão rastros de uma entrega
à beira dos dedos

nas mãos entre um copo e outro
um corpo e outro algo que não cabe
no poema o não dito na saliva
entorna entre uma escuta aberta
de olhos e mãos e ouvidos
que se encontram tentando alcançar
em um poema
aquilo que ficou de fora
do poema o fora do poema dizendo
de sua mãe em off dizendo
da difícil relação com sua mãe
dizendo dos fins-de-semana
da mãe passados em quarto escuro da mãe
sem sair do quarto escuro nos fins-de-semana
depois da semana de trabalho da semana
em que trabalhava antes e depois
de passar os fins-de-semana em depressão
no quarto escuro vendo filmes sem sair do quarto
escuro da mãe em off da mãe
que teve de abandonar seu apartamento
como um despejado abandona o em que mora
a mãe despejada de seu apartamento despejada
de sua lucidez despejada dos nomes despejada
do nome da filha despejada da filha
enquanto a filha acompanha o despejo
da mãe em off despejando a mãe no poema
sem dizer no poema que o poema
trata da mãe como se a mãe faltasse
no poema em que poderia estar ou como se
no poema a mãe estivesse pela falta
como diz a voz quente e vermelha
em off ao tomar um chope em amizade

despejando a história que falta
da mãe doando mesmo essa história
o fantasma da mãe os fantasmas
da mãe em off por fora e por dentro do poema
na transfusão do sangue na transfusão
da voz na transfusão dos corpos
na transfusão da amizade na transfusão
da conversa no bar quando se toma
no chope a amizade em que o dito
em off pode se fazer quer se fazer
se faz muitas vezes e mais em off
como foi em off no calor da amizade
bebida no chope na transfusão do sangue
na transfusão dos corpos na transfusão
da voz que ele me contou que escreveu
seu livro para se aproximar do pai
usando as referências do pai
os cantores de quem o pai gostava
as histórias de que o pai gostava
querendo fazer um livro fácil
apenas para o pai gostar
afinal all i need is love
de fato todo mundo gostou do livro
é preciso dizer menos o pai
e o livro não serviu absolutamente
nada para o fim desejado
o livro jamais o aproximou do pai
que nem o leu do começo
ao fim mas ele mesmo que tenha sido
despejado do pai continua escrevendo
livros e contando essas histórias em off
quase presenças que comovem quase

ausências que fazem mover
com falta de palavras
ou com o que vaza
do corpo que transborda do corpo
a saliva o sangue o rubor no rosto
transbordando do corpo as mãos gesticulando
no ar o cabelo gesticulando no ar a pele
gesticulando no ar o vermelho da pele o sangue
voando com os cabelos no ar
vozes se entrelaçando na saliva
a saliva se entrelaçando na saliva
a transfusão da saliva nas línguas
a transfusão das línguas nas vozes
entreditas rastros de vozes a vida
vazada na boca vazada na língua
vazada na saliva vazada em off
espalhada por aí pelos cantos do sofá
pelas cadeiras e mesas dos bares perdida
em off gesticulando no ar o que fica
interdito o corpo a beira dos dedos
os pés inquietos no chão o que não fica
no poema antes e depois do poema a vida
no sangue a transfusão de corpos
rastros de vozes a vida vazada
na boca a vida vazando em um gole entre
um gole e outro a vida despejada
em cada copo uma vida que cai
na saliva no estômago uma vida irrigando
órgãos veias músculos transbordando o corpo
saindo pelas mãos pelos pés rastejando
entre os corpos ali entre os pés inquietos
sob a mesa a vida desaguando

corpos rastejantes entre os pés a saliva
despejada caindo
no chão vazando pelos corpos o calor
das palavras que tentam ser ditas
em off vazando pelos copos
o suor das palavras não ditas das palavras
guardadas na caixa de ressonância
do corpo por dentro da caixa torácica guardadas
nas veias pulsando ali dentro as veias
explodindo as palavras não ditas o corpo
ao vivo em convulsão um atentado no corpo
um terrorista dentro do corpo uma bomba explodindo
no corpo o corpo de dentro explodindo
as palavras não ditas no corpo o corpo
sem saber se digerindo se tendo um refluxo
o corpo explodindo sem saber com a explosão
de palavras o corpo falando para fora do corpo
um sobressalto do corpo um corpo sem tática
um corpo sem defesa um corpo desconcertado
sem saber exatamente um corpo explodindo
uma força sem saber explodindo
pólvora fagulha estilhaço o corpo
uma força explodindo
o suor das palavras não ditas
impregnando a escuta o corpo tentando estar
atento os olhos bem abertos sobre a mesa
um barulho interminável conversas cruzadas
vozes entrelaçadas no estômago um ruído
por todos os lados a impossibilidade
de ouvir atentamente os olhos bem abertos os ouvidos
tentando escutar há um copo quebrando
um chope sendo derramado

no corpo a roupa molhada o calor
secando a roupa molhada no corpo
com o passar das horas enquanto as salivas
se derramam entre outro copo e mais outro
e outro corpo vozes por todos os lados
antes e depois entre os olhares trocados
outras vozes ainda
por todos os lados o que fica
de fora do poema além
do fim aquém do começo
em off ruídos que vazam
ausências que se encontram
interditas vozes que se encontram
no escuro o amor a impossibilidade
de dizer como dizer um gesto de amor
no calor dos corações compartilhados
brindar a amizade a conta-gotas brindar
o amor em um poema
como se derramasse devagar
a entrega entredita que a amizade deixa
vazar em off escolhendo dizer
sobre a mesa a vida colocada em jogo
em cada gole que cai em cada boca
o gosto da sua vida na minha boca o gosto
da minha vida na sua adentrando
o seu corpo vazando pelos poros
os ruídos inaudíveis como dizer
como se em um texto como se em um ensaio
como se em notas esquecidas como se
em uma carta dissimulada como se em uma conversa
em off entre amigos como se em uma declaração
amorosa como se em uma confissão

como se fosse possível como se quase
fosse possível dizer o que não está
em off o risco de dizer a vida em jogo em off
a vida que acontece em off as vidas
entregues à possibilidade de cair
em um poema as vidas despejadas
vozes derramadas no corpo
do poema nas fraturas dos pés
dos versos vozes interditas na falta
corpos transpiram a amizade no encontro
da impossibilidade de dizer na tentativa
de dizer como dizer como em uma possibilidade
de um gesto de amor derramado
devagar entre mãos que se encontram
na distância entre mãos que se tocam
entre mãos que se deixam perdidas
em mãos alheias que se deixam
esquecidas no calor no sangue
à beira de
mover a beira
à beira de apagar à beira de riscar
algumas palavras à beira de dizer
são duas ou quatro mãos ali
são mais muito mais ali são muitos fantasmas
ali e aqui no suor das palavras
não ditas tentando alcançar aqueles pés
inquietos no chão as vozes em off
as vidas tomadas
em off as histórias que não chegaram
em um poema em off a vida que lateja
na falta as vozes inaudíveis pelo chão
rastros de uma entrega

à beira dos dedos
corações compartilhados nas mãos entre um espaço
vazio e outro entre as palavras um corpo e outro algo que
não cabe
no poema um gesto de amor
as palavras entregues
interditando a palavra em off
a amizade entregada o amor entregado
interditando o não dito
dito em off

ENTREVISTA COM ALBERTO PUCHEU

por Sergio Cohn

Jardim Botânico, Rio de Janeiro, 2018

Qual foi sua percepção do contexto da poesia brasileira no momento em que você começa a se pensar como poeta?

Esse "se pensar como poeta" é gradativo, ou esse "me pensar como poeta" é gradativo. Acredito que isso começa a se realizar, com alguma força, a partir da publicação de meu primeiro livro, ou então no momento imediatamente anterior a isso, durante os anos 90. Naquele momento, eu senti que havia uma predominância muito forte de uma poesia cabralina, uma poesia vinda de João Cabral de Melo Neto e da leitura específica do João Cabral realizada pelos poetas concretos. Havia, também, a poesia dos próprios poetas concretos. Essa era a força predominante, como eu conseguia ver, pensar e sentir, inclusive nas leituras que eu mesmo fazia na época. Isso se colocava de uma maneira mais ou menos hegemônica dentro da poesia brasileira, determinando certo tipo de poesia que era então realizada. Obviamente, por outro lado, tinha os poetas chamados de marginais dos 70, que ainda conseguiam alguma chegada. Me parecia que algumas características da poesia daquela época, o rigor mais cerebral, uma economia de palavras muito grande, acabou determinando a leitura de uma certa crítica predominante, ao menos no que diz respeito aos poetas dos anos 90.

Os anos 90 tiveram uma leitura (obviamente interpretativa, como toda leitura) que não parece dar conta de muito do que aconteceu naquela época. Tal leitura parece, também, querer dar conta de certa história da poesia brasileira que se quer linear, a chamada linha evolutiva da poesia brasileira. Tinha-se que mencionar os concretos e os marginais, João Cabral e Drummond, a semana de 22... Ou seja, era quase como se tivesse um caminho de valorização de uma poesia do Brasil, importantíssimo de fato, mas colocado como predominante... Todos esses de que estou falando são importantíssimos e decisivos, mas é como se faltasse algum acaso, alguma singularidade que pudesse fazer com que essa poesia dos anos 90 pudesse ir para um lugar menos previsível, menos esperado, menos autojustificado e autoconsciente.

Eu lembro, por exemplo, que quando João Cabral morreu, o Silviano Santiago escreveu um texto dizendo que o Carlito Azevedo era a estrela da nova geração. Quero dizer, a própria ideia de se pensar em alguém como a estrela de uma geração me surpreendeu – sobretudo, tendo vindo do Silviano, que é alguém que acho que, habitualmente, não pensaria em nível de uma leitura unitária, em torno do "um", do hegemônico, seja quem for ou quem fosse esse "um", não importa quem seja ou quem fosse esse "um"... Isso foi muito estranho pra mim, pois foi o próprio Silviano quem introduziu o Derrida aqui no Brasil. E todo trabalho do Silviano vai em outra direção. Quando ele fala isso nessa matéria, ele demonstra que estava querendo ler a poesia dos anos 90 por um único nome, por uma estrela. Eu pensaria a poesia dos anos 90, ou qualquer outra, muito mais a partir de constelações do que por uma estrela. Quando se fala de constelação, fala-se de uma infinidade, na verdade, fala-se de múltiplos, com o desenho que se faz de uma constelação não sendo estabelecido nunca por uma última ou única vez. Na realidade, o desenho não existe! Quando a gente olha para as Três Marias, para Órion, para as Plêiades, para Escorpião etc., aquilo não existe como um dado no céu, aquele traço foi colocado ali e nós, quando olhamos para o céu, o identificamos lá, mas ele não é real. Então, me parece que quando a gente lê alguns poetas, esses traços de ligação podem ser feitos e desfeitos de inúmeras maneiras.

É curioso que haja uns sintomas de leitura no que diz respeito à poesia dos anos 90. Em um texto mais recente, por exemplo, o Ítalo Moriconi fala da poesia dos anos 90 pra cá. É um texto de uma leitura inteligente e interessante, onde o Ítalo coloca duas referências, importantes para ele, da poesia dos anos 90: o Carlito Azevedo e o Arnaldo Antunes, curiosamente os poetas então valorizados pelos poetas concretos. O Arnaldo Antunes na realidade começa um pouco antes, mas eu imagino que o Ítalo o colocou ali pelo momento de afirmação maior do Arnaldo Antunes, que de fato foi ali nos anos 90; de qualquer forma, nesse caso, o gap é pequeno. Ele valoriza esses poetas por um certo cosmopolitismo e, depois, seguindo, ele fala da Marília Garcia, que é uma poeta bem mais recente, de um período posterior, digo, mais nova, mais nova do que eu, inclusive. No momento em que ele fala da Marília, ele me cita em conjunto com ela. Ele cria um termo muito bonito para falar da Marília e de mim, ele diz que nós temos uma eloquência rigorosa, o que me parece mesmo muito bonito e pertinente no que diz respeito à minha poesia e à da Marília. É um belo conceito, que me atinge em cheio. Com isso, eu fico pensando, eu fico me perguntando, no motivo do Ítalo, que queria falar em termos geracionais, ter me colocado ao lado da Marília e não nos anos 90. Porque, se é pra falar de geração, se a ideia é determinar a poesia dos anos 90 e do que veio depois, ou seja, se existe uma perspectiva geracional, o esperado seria que eu estivesse nos anos 90, não ao lado da Marília, que é razoavelmente mais nova do que eu e que começou a publicar depois de mim. Então, eu acho que essa estratégia do Ítalo, não sei até que ponto consciente ou inconsciente, diz algo da leitura dos anos 90. Como se o fato hipotético de ele me inserir na poesia dos anos 90 lhe obrigasse a pensar a poesia daquela época de uma outra maneira. Ou seja, a minha inserção na poesia dos anos 90 – e a de outros poetas – obrigaria a uma releitura do modo como tal geração é lida e vista. Como seria, por exemplo, uma leitura da poesia dos anos 90 que levasse em conta a minha poesia, a do Caio Meira e a do Renato Rezende, que não são pensados por essa corrente predominante da crítica que pensa a poesia dos anos 90? Acho que a gente abagunçaria essa leitura preponderante dos anos 90. Acho, entretanto, ótimo estar com a Marília e com as e os poetas mais jovens. A poesia me rejuvenesce.

Para falar em termos geracionais, como seria pensar os anos 90, dos quais, tradicionalmente, fazem uma leitura de uma geração intelectualista, de uma economia de palavras, de poemas breves, com torções sintáticas, com esses outros nomes? Como seria uma releitura dos anos 90 numa conjunção em que, numa das constelações possíveis, fossem inseridos eu, Caio Meira e Renato Rezende? Seria uma outra leitura da poesia dos anos 90, certamente diferente daquela que ficou como a mais predominante pela colocação do Carlito como número um, como a estrela da geração, como o Silviano escreveu. Quero deixar muito claro que isso não é, de modo algum, nenhum demérito à poesia do Carlito, muito pelo contrário, ele é um excelente poeta. O que quero dizer é que seria importante buscar uma multiplicidade de leituras sobre a poesia dos anos 90, o que, até onde eu conheço, não houve. Acho que os anos 90 ainda precisam ser pensados.

Naquele momento em que eu comecei a escrever, eu lembro da polarização que havia na mídia, nos jornais da época, entre dois poetas da geração, os mais falados naquele momento: Carlito Azevedo e Alexei Bueno. Junto ao Carlito, outro nome forte era a Cláudia Roquette-Pinto, que ia surgindo com uma proposta poética afinada com a do Carlito – não que a Cláudia fosse atrás do Carlito, de modo algum, mas havia certo companheirismo nesse sentido entre os dois, entre as duas poéticas. Por outro lado, tinha o Alexei com uma poesia mais convencional. Era uma polarização imensa, com brigas nos jornais, muitas brigas, eu me lembro bem como Carlito e Alexei brigavam nos jornais. Acabou que hoje se fala bem menos do Alexei, sendo o Carlito muito falado, muito lido pelos críticos, pelos poetas. Com o "Guardar", o Antonio Cicero, já conhecido como letrista de música, também despontou com muita força. Este ano, a Simone Brantes, que estreou nos anos 90 com o "Pastilhas Brancas", pouquíssimo lido e falado, ainda que eu desde o começo tenha gostado do livro e imensamente do poema que o intitula, ganhou o Jabuti, com seu livro novo. Não seria caso de os críticos repensarem seus livros tanto no que diz respeito ao nosso agora quanto ao passado? Como seria, por exemplo, ler tanto este tempo atual quanto os anos 90 incluindo a Simone Brantes?

Para mim, pessoalmente, fora os poetas todos que nós lemos e que a gente vai lendo com o tempo, que poderia citar vários, tiveram três leituras meio fora do mainstream daquele momento que me foram muito decisivas,... Mas tem três leituras singulares, que são três poetas que na ocasião eram muito pouco falados. Aliás, até hoje são. Um acabou que está sendo um pouco mais falado, outro, menos, e o outro foi inteiramente esquecido. Essas três leituras foram determinantes pra mim. O primeiro foi o Leonardo Fróes, sobretudo através do livro "Os Argumentos Invisíveis", que teve um impacto muito grande em mim. Eu vi ali uma coisa que eu estava buscando. O outro poeta foi o Fernando Ferreira de Loanda, com o livro "Kuala Lumpur", que é magnífico. Esse poema, "Kuala Lumpur", também é magnífico. O Vicente Franz Cecim, que li igualmente naquela época, também foi uma surpresa e tanto, com um projeto muito único, que me interessava e continua interessando muito. Foram três referências que me ajudaram a buscar um outro caminho do que então se mostrava.

Junto a isso, ali no fim dos anos 80, quando saiu uma entrevista dele na Revista Bric-a-Brac, eu descobri o Manoel de Barros. Quem me falou dessa entrevista foi um grande professor que tive, e que se tornou um amigo muito querido naquele momento, o Clauze Abreu. Ele me disse que tinha saído um poeta desconhecido naquela revista, que era um grande poeta... Lembro-me que ele falou: "acabei de ler agora uma revista de Brasília, a Bric-a-Brac, fui na Leonardo da Vinci [que era a livraria mais importante do Rio de Janeiro na época] e por acaso li essa entrevista do Manoel de Barros, você tem que ler, tem que ler!" (risos). Eu fui imediatamente ler a entrevista e os poemas do Manoel de Barros. Aquilo foi uma chacoalhada muito grande em mim. O Manoel de Barros sempre me pareceu, desde que eu conheci o trabalho dele, e depois eu o conheci pessoalmente, trocamos umas cartas, ele sempre me pareceu um poeta que tinha um rigor com a linguagem muito forte. Um rigor tão forte como o que o João Cabral tinha, mas de uma maneira inteiramente diferente, fazendo uma outra coisa com esse rigor. Sua poesia me parecia abrir uma nova possibilidade de respiração.

Eu era novo, acho que a gente está sempre buscando respirações novas, não para escolher uma, mas para perder aquelas que nos prendem, para trilhar por um caminho imprevisível. Então, naquele momento ali, fora as leituras que todo mundo fazia, ter lido Manoel de Barros, ter lido Leonardo Fróes, ter lido Fernando Ferreira de Loanda, ter lido Vicente Franz Cecim me ajudou muito a fazer uma poesia que fosse para um outro lugar, que não era preponderante na ocasião.

Essas leituras libertam a sua respiração, mas elas não ditam a sua respiração nem a sua temática, não é? Porque em nenhum momento você vai entrar num diálogo explícito com nenhuma delas. Fala disso um pouquinho.

É, isso é uma questão. Estou falando dos anos 90, desse momento imediatamente anterior ao meu primeiro livro. Ou, talvez, o momento imediatamente posterior a ele. Mas nesse trânsito, envolvendo esse período. Quando eu era mais novo, eu fiquei imitando o Manoel de Barros, fazendo certa poesia como a dele. Tem um episódio muito bonito envolvendo o Silviano Santiago, que tem uma importância pessoal para mim. Porque naquele momento, fim dos anos 80, começo dos anos 90, o Guilherme Zarvos, que aliás é mais um que abagunçaria a leitura hegemônica dos anos 90, organizou uns encontros na UniverCidade, as Terças Poéticas, onde ele convidava um poeta ou crítico importante para falar e poetas jovens para lerem seus poemas. Ao fim, o poeta ou o crítico comentava os poemas dos poetas jovens, ali, ao vivo, no calor da hora mesmo. Se não me engano, o João Cabral foi, cheguei a vê-lo nesse evento, e teve um dia em que o Silviano foi. Eu não o conhecia. Eu não conhecia ninguém, estava começando. Eu assisti o Silviano, os poetas jovens leram e tal... depois, o Silviano esculachou os poetas jovens! Eu lembro que o Silviano fez uma crítica muito veemente, muito contundente. Os garotos se defenderam e, na minha memória, pelo menos, teve uma tensão muito forte naquele momento.

Quando acabou o evento, eu fui falar com o Silviano, me apresentei e falei: “Silviano, você não me conhece, eu não te conheço, mas eu gostaria muito que você fizesse comigo isso que você fez com eles”. O Silviano riu, obviamente estranhando minha postura, quer dizer, tinha acabado de ter tido uma grande polêmica ali. Mas eu queria justamente me colocar nesse lugar de escutar essa crítica veemente sobre o que eu estava fazendo naquele momento. O Silviano foi muito gentil, falou “me liga tal dia”. Eu liguei! Ele falou para eu enviar o livro inédito que eu estava fazendo, eu fiz isso, dei pra ele o original. Depois, combinamos de ir no apartamento dele pra conversarmos. Quando cheguei, bastante tenso, mas querendo muito aquilo, o Silviano me falou “olha, tenho duas coisas pra te falar” (risos). Foi muito rápido o encontro! Eu disse: “fala então, Silviano”. “A primeira é uma coisa boa: você não é mais um poeta dos anos 80. Tem alguma coisa outra já, você realmente não é mais um poeta dos anos 80”. E eu perguntei, “e a outra Silviano?” “A outra é a seguinte: rasga tudo isso aqui que você me deu, e começa de novo. Rasga, porque isso aqui tem visivelmente uma pegada do Manoel de Barros, um modo de construção de frase que lembra o Manoel de Barros, e essa não é a tua realidade. Você é um cara urbano, do Rio de Janeiro, da cidade, então rasga tudo e começa a escrever com coisas que são próximas a você”. Então isso foi muito importante, foi muito decisivo, pessoalmente falando... Eu rasguei tudo.

E não é à toa que o seu primeiro livro se chama "Na Cidade Aberta"...

Exatamente, "Na Cidade Aberta"! A gente nunca sabe, é difícil dizer hoje se ele se chama "Na Cidade Aberta" por causa do que o Silviano disse, mas eu não tenho dúvidas de que aquilo que ele disse teve um impacto em mim. Aí, sim, o primeiro livro é na "Na Cidade Aberta", o segundo livro tem uma parte que se chama "Na Cidade Aberta", o terceiro livro tem uma parte que se chama "Na Cidade Aberta"... A cidade se torna de uma importância muito grande na minha poesia. Acho que o Silviano foi muito generoso com esse gesto comigo. Só tenho a agradecê-lo, muito, por isso. Aí, a influência do Manoel de Barros, eu me livrei dela diretamente. Com isso tudo e com o que foi acontecendo na minha vida, eu fui descobrindo outras coisas, outras leituras.

Eu lembro também que uma vez eu dei alguns poemas meus para três professores que eu admirava muito. Eu fazia Filosofia nos anos 80. Dei os poemas para os três professores lerem, para a Carmem Lúcia Magalhães Paes, que acabou sendo minha orientadora de mestrado, uma pessoa muito decisiva na minha vida de estudante. Dei pro Roberto Machado, que foi meu orientador de iniciação científica, e dei pro Clauze. Cada um falou uma coisa inteiramente diferente dos outros! Quando os três falaram essas coisas tão diferentes, eu pensei: "Bom, então não dá pra ficar com uma leitura determinada, eu tenho que inventar um caminho, que eu não sei qual é!" Naquela ocasião eu não fazia ideia...

Então, eu acho que o que você falou sobre a minha respiração está certo, você tem razão, foi bonito o que você disse, fico feliz disso ser visível. Mesmo aqueles poetas, que foram decisivos pra mim nos anos 90, nas leituras que eu fazia e, até onde eu percebo, no impacto que causaram em mim, na minha poesia, na minha vida – na verdade não faz diferença aí – a questão não é se tornar uma espécie de epígono de poetas, quem quer que sejam esses poetas. Pra mim, a questão é que esses poetas me afetam, que o que a gente recebe desses poetas é essa intensidade que nos ajuda a produzir uma outra coisa, que a gente não sabe o que é. Eu acho que você só está à altura de algum poeta que você admira se você consegue se livrar dele. Se você consegue fazer não *como* ele fez, mas fazer *aquilo* que ele fez. Quero dizer, ser um poeta que se proponha a criar radicalmente um trabalho, como aqueles poetas que nós admiramos criaram radicalmente o trabalho deles! O que não significa criar o trabalho que eles criaram! Mas ter a seriedade, a entrega, a dedicação, o desejo de criação que eles tiveram para que a gente possa criar nosso próprio trabalho.

Você é um poeta muito bem informado sobre a poesia nacional e estrangeira, mas você não é um poeta que se circunscreve na poesia que o afeta, ou que contagia a sua própria poesia. Os ruídos da cidade, a vida, a filosofia, a prosa, o cinema, o ayahuasca, o que for, está tudo contaminando a sua poesia provavelmente com a mesma intensidade. O que parece diferente daquela poesia que estávamos falando, que parecia predominante nos anos 90, que eram poetas muito literários, muito de gabinete nesse sentido.

Pois é, na minha vida nunca houve uma distinção entre poesia e vida. Acho que poesia é vida. Não há minha vida sem poesia, sem a dedicação à poesia. Acredito que a poesia é uma experiência de vida, como acredito que a poesia tem que estar contaminada de vida, do que a gente vive, do que a gente pensa, de como a gente é afetado, das forças de nosso tempo, das forças da História. Assim como a gente tá contaminado com o que a poesia pensa e faz pensar, sente e faz sentir, vive e faz viver... Tudo isso move a gente na feitura da poesia.

Agora que você falou, esse vínculo da poesia dos anos 90 com uma poesia mais cerebral, mais intelectualista, por assim dizer, não deixando vazar para o poema, não trabalhando no poema, as intensidades diretas da vida... Novamente, fico pensando no Caio Meira e no Renato Rezende. Naquele momento, éramos muito próximos, somos muito amigos até hoje. Mas naquele momento, conheci primeiro o Caio, o Renato conheci um pouco depois, mas o Caio é meu amigo desde os 18, 19 anos... Acho que ambos fazem um tipo de poema também nesse sentido, com conhecimento da história da poesia, com conhecimento de várias áreas, mas são poetas afetados pela vida. Ou seja, não são poetas intelectualistas, ou cerebrais, apesar de serem poetas que leem muito, leem a tradição, leem tudo – cada um com a sua especificidade, mas com certeza leem muito. Isso seria mais uma maneira de repensar a poesia dos anos 90, porque são poetas que começaram a publicar nos anos 1990; se é para falar de geração, são poetas da geração dos anos 90! Então, como que seria ler a poesia dos anos 90 *também* a partir disso? É possível então falar de um predomínio intelectualista na poesia dos anos 90? É possível falar de uma vertente, talvez, da poesia intelectualista nos anos 90.

Ao mesmo tempo, você falou de minhas diversas leituras, eu li muito os poetas concretos no começo de meu percurso, foi uma das forças muito grandes. Li os manifestos, os ensaios, as traduções, eu ficava esperando uma nova tradução feita pelo Haroldo de Campos, pelo Augusto de Campos, que foram importantíssimos. Naquele momento, o mercado editorial não era nem de perto o que é hoje. Acho que eles fizeram um trabalho educacional, um *paideuma*, como eles chamam, muitíssimo importante. Naquele momento, ter as traduções do Augusto e do Haroldo era de uma importância brutal para todos nós. Isso gerou em mim um desejo de leitura, uma vontade de conhecer a poesia de todos os lugares do mundo, de ler com o tempo vários poetas que foram importantíssimos para mim.

Como você bem disse, a filosofia também foi muito importante. As leituras de filosofia foram muito importantes para mim. Eu não fiz faculdade de Letras e, curiosamente, o fato de eu não ter feito faculdade de Letras significava que eu não fazia as leituras que eram supostamente obrigatórias dentro da tradição, dentro do que era esperado na lida com a poesia ou com a literatura brasileira. Essa importância imensa da filosofia pra mim me levou a fazer leituras que eu não faria se fosse apenas um escritor. E também as descobertas da poesia. Quando descobri Edmond Jabès, por exemplo, foi uma descoberta imensa! Um poeta que abriu um campo de pensamento e de escrita enorme pra mim. E ao mesmo tempo em que eu lia Jabès, lia Heráclito, lia Empédocles, os gregos antigos, pré-socráticos, e tudo dialogava, não sei como. Isso foi gerando o caminho que eu ia trilhando... Lembro quando li "A Canção de Amor de J. Alfred Prufrock", do T.S. Eliot, aquilo foi um acontecimento pra mim também. Nesse poema existe uma escrita maravilhosa, uma sonoridade maravilhosa, ao mesmo tempo, esse burburinho urbano ali presente, uma ironia, um Eliot do cotidiano! Não é o Eliot dos "Quatro Quartetos", do "Waste Land", ou dos outros poemas dele mais enigmáticos... Foi um poema que me tocou muito. Ou Kaváfis, quando descobri Kaváfis... "Ítaca", que é um poema imenso, gigantesco... então isso tudo foi construindo alguma coisa.

Decididamente, eu não posso dizer de que modo que eu me localizo na poesia... Eu não diria "eu me localizo na poesia brasileira a partir dos referenciais A, B ou C", porque acho que não é nada disso! Acho que eu me deslocalizo na poesia, isso, sim. Acho que é tudo misturado, tudo me atravessando. São leituras de poetas brasileiros, leituras de poetas estrangeiros, leituras caóticas, leituras feitas pela paixão, pela descoberta, com afinco, com estudo. As leituras da filosofia, tudo isso misturado e gerando alguma coisa que você nunca sabe o que é. Gerando alguma coisa ali que está em vista de um porvir qualquer, sem nenhuma segurança sobre o que você está fazendo.

É interessante, porque a gente falou do elemento cerebral da poesia dos anos 90, mas é um cerebral que, como diz o Renato Rezende muito bem, tem uma coisa meio fotográfica, de retina. A sua poesia tem uma outra questão, que me parece importante. Ela tem *statement*, ela tem poesia enquanto pensamento. Ou seja, ela pensa a poesia como uma forma de produção de pensamento. Estou correto?

Você está corretíssimo. Num primeiro momento, aliás, é importante falar disso, já que temos repetido esse lance de uma leitura cerebral... João Cabral, por exemplo. Eu li muito a poesia do João Cabral, tem uma paixão imensa na poesia dele, uma intensidade absurda... Muitas vezes, eu lia poemas do João Cabral chorando, pela intensidade dos poemas mesmo. O que estou dizendo é que se você pode fazer uma leitura cerebral do João Cabral, você pode fazer muitas outras leituras dele também, que incluem o rigor do João Cabral, sem perder a intensidade avassaladora dos poemas dele, sem perder uma dimensão de pensamento e do corpo dos poemas do Cabral. Pra mim, nunca se tratou de colocar Cabral contra Drummond, ou de um lado Drummond, do outro Cabral... E o Gullar sei lá onde. Nada disso! Drummond é um poetaço, Cabral é um poetaço. Gullar é um poetaço. Jorge de Lima é um poetaço. Eles são dos maiores poetas do século XX, dos grandes poetas que a gente tem a sorte de serem poetas da nossa língua, como Pessoa também, como Herberto Helder, como António Franco Alexandre.

Quanto à questão da visualidade e do que você chamou de *statement*, de modos de pensamento, da poesia como lugar de pensamento, isso pra mim é decisivo. Eu acho que a gente tem se acostumado, em um certo senso comum, pelo menos, a deixar para a filosofia o pensamento e as definições do nosso tempo. Como se fosse mais fácil pensar no quanto que a poesia estaria mais ligada exclusivamente ao afeto, ao corpo, à imagem, a uma certa musicalidade muito trabalhada etc. Eu acho que não. A poesia tem que pensar o seu tempo, sim. Ela tem que pensar a tradição, tem de pensar a sua contemporaneidade. Ou seja, a gente não pode delegar exclusivamente para a filosofia a capacidade de pensar o nosso tempo, ou qualquer tempo. A poesia tem de ter a responsabilidade de pensar o nosso tempo, mesmo.

Quando digo que a gente não pode delegar para a filosofia isso, claro que não estou fazendo uma contraposição entre uma e outra. Eu estou falando exatamente de uma poesia que de alguma maneira queira dizer o seu tempo, criar o dizer do pensamento *de seu tempo*, ou dizer o pensamento *para o seu tempo*... porque não é apenas uma questão de dizer *o* seu tempo, mas, sobretudo, de dizer *para* ele... afinal, *como desde o seu tempo dizer para o seu tempo*? Eu acho que o poeta tem de ter essa ousadia. Se vai conseguir ou não, não interessa, ninguém sabe... E essa tentativa da poesia só posso dizer ser possível se, em algum grau, se trata de uma poesia filosófica, e não de uma poesia que se queira pura, isolada de outros campos de pensamento. Eu não acredito mais nisso, que haja "a poesia", "A poesia", "A Poesia". Tudo está sendo descoberto: hoje a gente tem um acervo, um arquivo histórico maravilhoso.

A história da filosofia, por exemplo, tem uma história literária, poética, maravilhosa. A filosofia começa com poemas, com Empédocles, com Parmênides... Platão inventa os Diálogos, Aristóteles, os tratados, tem as Cartas, que são filosóficas, as Confissões, os Discursos, Montaigne inventa os Ensaios, tem os Fragmentos, os Aforismos etc., e então a gente vê como que aquilo que é chamado de pensamento filosófico, ou teórico, ou crítico, tem uma invenção imensa em seus modos poéticos de realização. Ou seja, como separar uma da outra? Eu não consigo. Isso tudo vai instigando a gente nesse caminho de poder deixar desguarnecidas as fronteiras entre poesia e filosofia ou entre poesia e outros campos.

Não tenho uma definição *a priori* do que é poesia. Acho que ninguém tem uma definição *a priori* do que é poesia, e acho tanto melhor não ter. A poesia nunca está dada, está sempre no por vir.

Então a poesia seria uma intenção de poesia?

Eu mudaria um pouquinho a sua palavra, aproveitaria que você falou de intenção e eu deixaria essa palavra escorrer, deslizar um pouquinho. Eu diria que a poesia não está necessariamente ligada à intenção, mas à intensidade. Quero dizer, eu trocaria essa palavra "intenção" por "intensidade", ou seja, pensar a poesia tendo uma força que a move, entende? Uma intensidade que a move. Quero dizer com isso o seguinte: pensar a poesia não a partir das formas predeterminadas, mas pensar que toda forma da poesia, se é para falar em forma, está ali como modo de o informe aparecer. Silvina Rodrigues Lopes já escreveu, sempre maravilhosamente, algo como que o que se transmite em poesia é o informe. É o informe que está em questão. Ou seja, não deixar a forma se cristalizar, deixar essa forma ser porosa, para que as forças possam comparecer no poema, as diversas forças, se a gente está falando da filosofia ou da política ou do cotidiano, ou do amor, dos afetos, das amizades, não importa. Mas entender que isso tudo são forças, que, quando você escreve, você não traz uma tentativa de *descrever* o vivido – porque a tentativa da poesia não é essa –, mas você traz essas *forças e intensidades* do vivido e do não vivido, para você *jogar* na poesia, para que ela nasça também com intensidade.

Não é à toa que os gregos antigos diziam que a poesia e a filosofia nascem do espanto. Quer dizer, nascem dessa *aporia,* dessa perplexidade que impede o dizer. Esse espanto e essa *aporia* que são colocados na origem da filosofia e que fazem com que o poeta e o filósofo de certo modo sejam o mesmo, como dizia Aristóteles numa passagem magnífica dele. Me parece que essa *aporia* e esse espanto impelem o dizer quando é impossível dizer. Ou seja, dizer quando é impossível dizer parece-me dizer respeito à poesia. E o real é muito violento! Ele é ao mesmo tempo muito violento, muito terrível e muito maravilhoso! E essas duas forças que o real nos coloca, são duas forças que de alguma maneira nos impedem de falar, que desarticulam a nossa capacidade da linguagem, de articulação da linguagem. Então, como é falar desde essa desarticulação, desde essa incapacidade? Eu acho que, nesse sentido, a poesia se aventura a dizer o impossível, a dizer o que é impossível de dizer.

Então, quando você falou em "intenção", eu brinquei em deslizar para "intensidade", porque não há uma intenção *a priori*. A intenção do que escrever ou do modo de pensar a poesia não está colocada *a priori*. É no fazer que ela vai se realizando. É esse fazer que vai trazendo uma força tal que ele vai se criando, que ela vai se colocando ali. Não é tanto uma intenção, se por intenção se entender alguma vontade prévia de se fazer alguma coisa específica. Na verdade, a gente não sabe o que quer fazer. A hora que a gente souber...

No seu trabalho, quando você começa a trabalhar com uma inquietação, com uma ideia, como sabe se será um ensaio e não uma poesia?

Pois é! São questões difíceis. Quando que eu sei que um poema começa a se fazer? Em algum momento você ouve... uma frase, ou uma possibilidade de frase. Alguma hora uma frase se compõe, e você aposta nessa frase. Acho que tem uma aposta. Você escuta uma frase fantasmática (risos), é um fantasma porque é uma frase que não está exatamente dentro da gente, é uma frase que vem de um fora... ao mesmo tempo ninguém está dizendo esta frase, mas é verdade que muitas vezes alguém de fato diz essa frase, e você se apropria dela muitas vezes. Enfim, é uma frase fantasmática que você não sabe onde está, mas você escuta essa frase, ou essa possibilidade de frase, entende? Por algum motivo ela se configura de uma tal maneira que você diz "caramba! Tem aqui alguma coisa!". Eu lembro de um dia em que eu estava atravessando uma rua no Humaitá, eu atravessei metade da rua, era uma rua de mão dupla, e o sinal abriu para os carros. Eu fiquei no meio dos carros, no meio da fumaça, os carros passando atrás e na frente de mim. Quando o sinal fechou para os carros, eu pude atravessar a segunda metade da rua. Enquanto atravessava a rua, uma frase veio na minha cabeça: "uma máquina de carne caminha por entre os carros". Eu falei, "Uau, como assim?" (risos). Então tem alguma coisa. Foi a partir dessa frase que o poema se fez.

Tem inclusive uma sonoridade muito pontuada.

Muito pontuada! Vem de motor, né? Toda essa aliteração, essa quebra, "máquina", "carne", "caminha", "carro", a repetição, "cá, cá, cá, cá"... uma engrenagem que é inteiramente pertinente, mas inteiramente imprevisível. Ou então alguma força da vida, alguma intensidade... Um dia eu estava dirigindo na estrada e um caminhão – uma jamanta – quase que bateu em mim, quase! Foi por um triz! Foi horrível aquele momento, quando passou, eu estava chorando. O corpo agiu de uma maneira tal que não houve a batida. O reflexo agiu de uma maneira tal... mas aquilo passou e eu estava tremendo. Quando acabou, eu estava tremendo. Fui andando durante um bom tempo de carro a uns 20 km/hora na estrada, porque eu estava tremendo. Depois disso, comecei a pensar, começaram a vir umas palavras, uma tentativa de dizer isso em palavras. Como se diz isso em palavras? Foi uma tentativa, começou a surgir um poema novo que depois fui escrever e trabalhar, que foi o "Nevermind", do meu último livro.

A leitura de outros poetas e de outros textos – não só de poetas –, a leitura de filósofos, por exemplo, são leituras que ativam novos modos de possibilidades de formulação. Já o ensaio, ele nem sempre tem as mesmas questões da poesia, não são obrigatoriamente as mesmas. Eu diria que muitas vezes não, boa parte das vezes não. As questões que a gente trabalha na poesia e no ensaio não são obrigatoriamente as mesmas questões. Mas há um lugar de escrita em que eu quero muito fazer ensaio como poeta, eu quero fazer poesia como ensaísta ou pensador. Dentro dessa tua pergunta, que é dificílima, o que pode ter pra mim de diferença é que você nunca sabe se você vai fazer um poema. Acho que, uma vez feito o último poema, você nunca sabe quando vai fazer o próximo poema. Você não tem controle do começo do poema! Pra mim, esse começo do poema é uma coisa incontrolável. Acho que não só pra mim... senão os poetas teriam obras muito maiores do que têm, já que tentam escrever sempre. O ensaio não; se eu quiser fazer um ensaio, eu vou fazer. Pode não ser hoje, pode não ser amanhã, mas eu sei que eu vou fazer. Só não sei quando vou fazer porque vou precisar de uma escrita. Mas é diferente. Depois dessa diferença inicial, fica mais parecido também, ambos com uma criação constante. Você coloca uma frase; como vai ser a seguinte? Como se houvesse mil abismos entre uma frase e outra no ensaio. O que não fica evidente quando o texto fica pronto, não fica tão evidente quanto no poema. No poema, parece ser mais evidente que há um abismo entre uma frase e outra. Mas, também no ensaio, está lá esse abismo, entre uma frase e outra. E agora? Qual a próxima frase? Você vai construindo isso pouco a pouco.

É interessante isso, que você nunca sabe quando vai escrever o próximo poema, porque tem uma coisa clara em sua obra, que os seus livros têm uma identidade muito clara. E, portanto, a dicção de cada livro tem uma ressonância, tem uma pesquisa, tem um trabalho, tem um fôlego, tem uma respiração, tem até uma construção formal com certo grau de unidade.

Eu acho ótimo isso que você falou. Uma vez, em alguma resenha sobre um livro meu, o Caio Meira falou que eu era um poeta moribundo. Que quando eu acabava um livro eu sempre dizia que não iria escrever mais livro nenhum, que não tinha mais o que escrever. Não era uma boutade, era uma sensação mesmo, eu achava que não tinha mais nada para escrever. Tinha de aceitar que alguma coisa aconteceu ali, que agora eu tinha que recomeçar a partir dali. O poema sempre volta, o poema sempre retorna, e você volta para algum lugar que não sabe qual é. Não é como se você dissesse "agora, com esse livro, eu já sei como se faz, eu sei mais e, a partir daqui, meu outro livro já vem com um saber acumulado"! De maneira alguma! Vem com uma espécie de uma paragem qualquer, uma paragem que nunca para, mas um ponto qualquer onde supostamente você está e, desde o qual, você não sabe o que vai acontecer no próximo poema, no próximo livro. Acho também bonito.

Isso é uma coisa que eu penso muito, quando penso livro a livro meu, acho que cada livro tem um conjunto, ainda que muitas vezes me dê vontade de relacionar um poema de um livro com outro de outro livro, com outro de outro livro e assim por diante. Como existe esse desejo, de rearticulação de um poema de um livro com um poema de outro livro! Com ensaios também, um ensaio desse livro com aquele do outro etc… Mas a gente não precisa fazer isso, porque cada livro e cada encontro de um livro com outro são vários livros, são infinitos livros que são possíveis! Tem uma potência de livros, uma potência de arranjos de poemas! Então, há esse desejo de poder juntar, às vezes dá mesmo vontade de materializar esse desejo, mas ele não precisa ser materializado. Porque já existem esses livros na potencialidade dos encontros dos poemas, ou dos ensaios. Há muitos diálogos a serem feitos, mesmo nos livros feitos há muitos livros a serem feitos, arranjandos, muitos encontros e reencontros e desencontros e...

No caso do poema, achei legal o que você falou; talvez seja uma chance de dizer uma coisa que eu reparo na minha escrita. De livro a livro, tem uma mudança formal mesmo. O primeiro livro, "Na Cidade Aberta", é um livro de versos curtos, mais breves. O segundo livro, "Escritos da Frequentação", é um livro mais em fragmentos. Foi esse encontro meu na ocasião com os gregos e com Jabès, tem essa força deles ali, até onde consigo perceber. São fragmentos pontuados, como se fosse um passo a passo, com uma numeração. Depois, "A Fronteira Desguarnecida", que são poemas em prosa, em bloquinhos de prosa. No "Econometria do Silêncio", cada poema começava em verso e terminava em prosa; no "A Vida é Assim", já tem uma mistura, os versos vão se alongando, até quase virarem prosa – até *quase* –, e aí retorna o verso, que depois volta a se alongar e... Depois os poemas foram se alongando muito, cada vez mais.

Então acho que esse "livro a livro", de que você está falando, traz um certo posicionamento, mesmo formal, distinto dos outros... que é exatamente o que eu dizia antes, de querer pensar a poesia muito mais como força do que como forma. Quero dizer, não ter garantido uma forma; ter garantido forças. Propor essas intensidades que me propõem. A poesia está muito mais do lado do informe do que da forma. A forma da poesia é a marca do informe que nela atua. A forma é uma marca de uma pura intensidade que atua ali na forma e que nunca deixa a forma se enrijecer. Porque essa intensidade é força! Então essa forma tem que ser porosa à força, de uma maneira que não seja mera forma, mas força também – ainda que uma força escrita, que consiga palavras que a sustentem. Ou que crie suas palavras, porque as palavras também criam intensidade. Então, é como se o poema fosse um campo de intensidades, uma rede elétrica, uma força marítima, uma trepidação...

...um touro encarcerado num campo de relâmpagos?

Luiz Miguel Nava, um dos poemas mais belos! O Nava foi um dos poetas que eu li com a maior admiração. Quando eu descobri a poesia dele foi um acontecimento. Foi uma descoberta tardia, não foi do meu momento inicial... mas quando eu li o Nava percebi que ali estava tudo o que eu vinha escrevendo, como em "A Fronteira Desguarnecida". Nesse sentido, talvez o Nava seja um poeta de um desguarnecimento total, esse corpo atravessado pelo mar, pelo vulcão, o mar que adentra o corpo e tudo o mais, a arrebentação, tudo isso se misturando com o apartamento, com o quarto e o corpo e as vísceras, e o fora do corpo, esse dentroforanaveano. Quero dizer que ele parece ser um dos poetas por excelência do que eu chamo de "desguarnecimento das fronteiras". Esse poema desse verso que você lembrou... "um touro encarcerado num campo de relâmpagos", é disso que ele está falando: a poesia do Nava é sobre como se escreve um campo de relâmpagos. Como se escreve o estrondo, o campo energético que o relâmpago traz. Isso é o poema, ou seja, o poema do Nava é isso e a forma como os corpos estão ali, como força, como relâmpago, como arrebentação, como vulcão – como lava! Lava ou Nava, ele foi um assombro na minha vida.

Fiquei lendo ele com muita força, até que escrevi um ensaio sobre ele, que saiu em um livro publicado pela Azougue, "Poetas Que Interessam Mais", organizado pela Ida Alves e pelo Luis Maffei. Me chamaram para escrever sobre ele porque sabiam da minha paixão pelo Nava. Foi uma chance maravilhosa. Eu não tinha publicado ainda esse ensaio em um livro meu. Não sei porque não vi lugar para ele em um livro meu... mas nesse livro que lançamos ontem, pela Azougue também, o "Que Porra É Essa – Poesia?!", entrou esse texto, que na realidade é o único texto mais antigo, os outros são ensaios novos. Agora, ele encontrou finalmente seu lugar em um livro meu.

Você falou uma coisa interessante em relação a sua poesia, que a coloca em um certo deslocamento em relação a essa visão dos anos 90, da concisão daquela poesia predominante, porque você vai buscar, já nos anos 90, mas de forma mais intensa a partir dos anos 2000, alongar sua respiração na poesia.

Eu passei a achar que isso começou a acontecer no momento em que esse fôlego começou a ser perceptível pra mim. Aí, eu tentei trazê-lo ao máximo, explorá-lo ao limite. Acho que isso está muito atrelado ao que a gente pode chamar do informe no poema. Como você pode sustentar uma intensidade? Eu escrevi muitos poemas sobre o surfe de ondas gigantes. Quando escrevi esses poemas, talvez eu tenha entendido o porquê dos poemas longos. Passei a entender que o que eu quero é que o rumor do poema inteiro ressoe em cada palavra, em cada sílaba, em cada letra. É como se o que eu quisesse, na leitura que do poema a gente faz, na leitura do poema que eu faço e faria, é como se eu quisesse fazer uma explosão da onda inteira em cada palavra, em cada sílaba, em cada letra. Se o poema pode ser essa imagem de uma onda gigantesca, o que eu queria seria a explosão daquele volume imenso, daquela força, daquela energia ali em cada palavra, em cada sílaba, em cada letra, como se, a cada momento do poema, eu quisesse e pudesse escutar o poema inteiro. Se eu tivesse uma máquina em que eu pudesse colocar o poema todo e fizesse uma leitura em que pudesse escutar, ao mesmo tempo, o poema todo em cada palavra, ou seja, na hora em que eu lesse cada palavra, cada sílaba, eu escutaria o rumor do poema inteiro. Eu adoraria isso! Adoraria ter esse rumor de um não-sentido ali se fazendo, porque é assim que eu escuto o poema quando o estou lendo, sobretudo em voz alta.

Então acho que tem a ver com isso esse fôlego maior, de buscar cada vez mais essa sustentação da onda. Essa onda que vai surgindo e vai se levantando, se levantando, se levantando, se levantando e não obrigatoriamente explode – talvez o poema acabe um pouco antes da onda explodir –, mas com essa tensão de a onda poder explodir a qualquer momento, quem sabe, fora do poema. Tem um disco de uma cantora não tão conhecida, a Áurea Martins, um disco muito lindo, chamado "Até Sangrar". Eu ouvi muito esse disco. O canto dela é muito lindo, porque a minha impressão era de que a Áurea Martins poderia, se quisesse, sangrar. Ela tinha força, ela tinha voz para poder, de fato, sangrar. Mas era *até* sangrar, ou seja, ela parava um pouquinho antes. Não é um grito ainda, mas eu poderia gritar; eu paro imediatamente antes. É essa tensão que me interessa, esse campo de relâmpagos do Nava, que você tão maravilhosamente lembrou, é o que me interessa. Isso está ligado à ampliação dos poemas e à ampliação dos ensaios também. Um ensaio meu às vezes tem sessenta páginas, setenta páginas, acho que meus ensaios também estão atrelados a isso.

Talvez, seja o ensaio o único lugar em que eu possa me ver como fazendo um romance. Não me vejo nem um pouco fazendo romance, mas no ensaio você vai, faz, escreve, busca uma sintaxe, busca um caminho, uma poética do ensaio, segue, volta, vê a trama – o ensaio tem uma trama, ainda que mais conceitual –, então talvez seja o único lugar em que eu pense em romance, mas é ensaio... Não comparando a uma história de romance, mas o modo como você vai armando esse desdobramento é ensaístico-romanesco-poético. Ou como é que esse desdobramento vai se armando, com você, por você. Levar isso ao máximo: qual é o mais longe que eu sustento no ensaio? Qual é o mais longe que eu sustento num poema?

Mas é interessante também porque isso leva a uma certa quebra do tempo. Na poesia isso fica muito claro, porque você acaba obrigando o leitor a entrar num outro tempo. A ideia da concisão é de falar, "você vai entrar e sair rápido daqui". Seja mais efetivo ou menos efetivo, mais afetivo ou menos afetivo, você vai entrar e sair rápido. Quando você faz esse poema longo, quando você vai alongando, é quase um gesto político de lidar com o tempo de nossa percepção, com as nossas sensibilidades contemporâneas.

É muito bonito isso que você está falando. É uma questão de você habitar um lugar, ou vários lugares. Acho que você entra num poema como você entra numa cidade, como você entra numa floresta, como você entra num vale, como você entra num rio. Como você entra em lugares que transformam você. Você entra no poema como um lugar de fluxo, de transformação, radicalmente. Acho que na poesia se trata de um caminho de vida. Dedicar-se à poesia, escrevendo, como também ler poemas, me parece ser um caminho de transformação de vida. Então acho isso muito pertinente, o que você está falando, de querer sustentar aquilo para que eu possa habitar aquela força... no tempo em que essa força permite. Não é mais um tempo cronológico, em que nós vivemos. Não se trata de habitar o tempo como numa cronologia de assuntos diários. Claro que assuntos diários também entram no poema. Mas não se trata de habitá-los, ou o tempo do relógio habitual, nada disso. É que o poema instaura o tempo dele.

Se poesia é intensidade, como você habita essa intensidade durante a maior parte do tempo? Como é que você prolonga essa intensidade? Habitamos o amor, habitamos a paixão, não é? Não é mais "você mesmo" quem habita. Você se lança numa transformação intensiva que você não sabe para onde vai. Você habita essa transformação. Você não quer negar essa força quando você está apaixonado, ao contrário, você quer afirmá-la, você quer, melhor dizendo, confirmá-la, confirmar a afirmação que já se deu! Do mesmo modo o poema, você quer confirmar essa força do poema, estar nela, permitir que essa força aja sobre você. Para isso, no meu caso pelo menos, precisei desse volume maior de ritmo. Ainda que eu tenha admirado intensamente uma poesia oriental como a dos haikai, por exemplo. Li muito haikai, que é o mínimo, é a contenção absoluta, mas, ao mesmo tempo, explosiva! Uma contenção de forças súbitas onde você habita! Aquilo age sobre você muito rapidamente, mas muito forte e surpreendentemente também.

Se o poema é curto ou longo, pouco importa, o que importa é a força que ele traz. Usando o que você falou, é a força de habitação que ele te traz. Pra mim, se tornou necessário que essa força seja cada vez mais longa. Habitar um poema é habitar um tempo que ele próprio instaura em sua dimensão mais avassaladora possível. Com rigor e ao mesmo tempo de forma avassaladora.

Justamente, essa questão me traz outra: para brincar com o famoso título do Agamben, qual é o fim do poema político?

Essa pergunta é muito difícil. Se eu fosse responder de uma maneira muito imediata, eu diria que, pelo Agamben, a resposta poderia ser o poema enquanto próprio meio, sem fim. O poema é o que traz o "ter lugar" da linguagem. Claro que o poema é político de diversas formas, de muitas maneiras. Uma das maneiras de o poema ser político, me parece, é em relação a esse próprio gesto de lidar com a linguagem de uma maneira que a linguagem não está pronta, não está pré-determinada; de uma maneira que não possa haver um preconceito. Quando digo isso, dela não estar impregnada de preconceitos, ou pré-conceitos, não me refiro apenas a casos graves, mas a casos mínimos: "casa", por exemplo, a gente sabe o que é "casa", ou a gente faz uma ideia do que é "casa". "Amor", a gente faz uma ideia do que é "amor", "ódio" etc. O senso comum nos traz tudo como se estivesse justamente preconcebido! Estranhamente, tudo parece preconcebido. Mas não está, e acho que o poeta se dá conta de que nada está realmente preconcebido, ou, pelo menos, ele é atravessado pela perda desses significados e sentidos que estariam, ou, pelo que dizem e mostram, deveriam estar garantidos. De onde ele, já tendo se deparado com o outro que o atravessou, se pergunta: "caramba, e o amor, o que é o amor que eu estou sentindo? Eu não sei falar o que é isso". Como se lida com essa desarticulação? Porque você precisa fazer com que, a partir da desarticulação, alguma articulação seja possível, mas sem perder essa desarticulação da qual a articulação proveio.

Essa poderia ser uma primeira importância política do poema, à revelia do tema dele. Um certo modo de entrada no sentido, que não deixa o sentido estar *a priori* garantido. Quero dizer, o poema é, por excelência – se ele é uma habitação, como estávamos falando antes –, uma habitação completamente instável, talvez a mais precária possível. Apesar de habitação, ele não nos dá a segurança que a parede, o teto, nos dá, sendo esta uma construção feita do que habitualmente queremos, porque nos protege. Mas, muito pelo contrário, a habitação do poema não nos oferece proteção, antes, ela nos joga numa desproteção violenta – e daí essa questão da intensidade de forças, que tanto venho repetindo.

Então, como você mencionou o Agamben, talvez pudéssemos dizer, em termos agambenianos, que a princípio o poema trata de uma *inoperância* da linguagem. Bonito, não é? Porque não se trata de fazer uma obra, mas uma inoperância, uma *desobra*, uma *aobra* – com esse "a" como negativo –, uma *anobra*, uma *inobra*... uma *inoperância*, de fato!

Além desse gesto político que o poema traz a princípio, temos várias outras instâncias também. O Luiz Guilherme Ribeiro Barbosa tem um poema inédito que fala que todo poema é de esquerda. Não importa o assunto, pode ser o tema político mais à direita possível, o poema será obrigatoriamente de esquerda, porque o poema é justamente o que volta para a esquerda, o que retorna sempre para a esquerda. Eu adoro essa ideia, porque fala da própria estrutura da possibilidade do verso – nem estou dizendo que o verso é obrigatório para o poema, mas a sua *possibilidade* certamente é. O poema tem essa ida para esquerda, esse retorno estrutural, versificado, à esquerda, uma posição política da própria estrutura do poema.

Temos ainda, obviamente, as questões temáticas, políticas, que fazem parte dos poemas, sim. Nós temos muitos modos atualmente (ou, pelo menos, alguns) de o poema ser político tematicamente. Tem um poema de que eu gosto muito, do André Luiz Pinto, para mim muito paradigmático, que é um poema tematicamente centrado na história de vida do próprio André Luiz Pinto. Um poema simples, estruturalmente muito simples, pequeno, mas a condição dele, do autor ser filho da empregada da casa, criado numa mansão da Barra da Tijuca, sendo obrigado a chamar os donos da casa de avós, mas sem direito a herança; e que, um dia, uma das supostas tias dele na casa vem e diz a ele: "você cresceu, você precisa ir embora". Ele responde, "tá bom, só me dá duas semanas"... É magnífico esse poema! Um poema político no sentido em que a vida pessoal (claro que encenada e dramatizada no poema, porque, na linguagem, não há mesmo outro jeito) se confunde com a política.

Em outro exemplo, temos muitas mulheres fazendo poemas hoje, muitas moças jovens fazendo poemas muito bons, trabalhando com essa temática do feminismo, da posição feminina e feminista, se colocando politicamente no poema também. Penso na Adelaide Ivánova, que trabalha nessa direção. Penso na Tatiana Pequeno, que transita por essa biografia poético-política. Poetas negras tematizando seus lugares de fala, como Jarid Arraes. Temos ainda os poemas políticos que pensam o nosso tempo de uma maneira abrangente, menos particular, como no que diz respeito à vida pessoal, ainda que encenada, do André. São poemas que pensam no tempo numa dimensão abrangente, histórica, filosófica, como vem fazendo a Danielle Magalhães, que tem poemas incríveis, como, por exemplo, "Quando o céu cair" e "Terror", para citar apenas dois. A Danielle também tem poemas maravilhosos em que a posição de uma vida singular é colocada de tal modo que já é política. Ela é uma das poucas que conseguem transitar pelo singular (auto)biográfico-político e o político vasto, uma leitura geral do tempo. Então acho que são vários modos de o poema ser político, desde o gesto poético – de como o poema lida com a linguagem – à estrutura do poema, que corta o fluxo, interrompe o que está acontecendo, voltando para a esquerda, até nos temas mesmo.

É preciso uma paragem, parar para pensar. O pensamento está ligado a um corte, e o poema já traz isso estruturalmente, em seu próprio corte. A Marília Garcia, por exemplo, quando sinaliza o furo do poema... Enfim, há diversas formas e modos de isso acontecer, de o poema ser político. Ainda que se possa dizer que a gente não saiba exatamente o que é política, nem o que é poesia, e justamente por isso, temos isso lançado enquanto pensamento no poema, a cada momento. Tanto em Tarso de Melo quanto em Pádua Fernandes quanto em tantos outros poetas... é no poema que, de modos distintos, vamos aprendendo também o que é política.

Dentre essas questões todas que nós estamos trabalhando, você falou uma coisa interessante, sobre o cosmopolitismo e o habitar. Existem ressonâncias disso muito claras em você, que é um poeta cosmopolita em leituras e influências e que vem vivendo uma experiência muito forte de habitação em um território não-urbano agora. Como você vê esse duplo habitar?

Desde sempre, essa duplicidade é uma questão muito intensa e muito íntima pra mim, e se intensificou nos últimos sete ou oito anos. Eu sempre fui um cara do Rio de Janeiro, criado aqui, uma vida urbana, cosmopolita, numa cidade grande. Ao mesmo tempo, desde que eu nasci, eu frequentei muito o Vale do Socavão. Minha família tem um sítio lá, desde quando minha mãe tinha cinco anos (hoje ela tem 79, então, ao menos para mim, o sítio é desde sempre). Consequentemente, eu sempre frequentei muito o mato. Ia para lá passar as férias, todos os feriados, e isso acabou por me compor também. Nos últimos anos, ocupei uma parte desse sítio, numa casinha lá no meio do mato.

É lindo chegar lá, ver o azul do céu, o verde da montanha, o ar... Aquilo te invade, do mesmo modo que aqui na cidade temos a fumaça, "cabeça de rodas e chassis", como digo num poema. Na cidade, esse dentro e fora do corpo é indiscernível, pois somos compostos também dela. A gente fala pela sirene, pela buzina dos carros, a gente respira a fumaça, tornando-nos cidade também – é o nosso corpo, um corpo urbano – nesse desguarnecimento da fronteira entre corpo e cidade. Na montanha, também há esse desguarnecimento, entre você e o ar, entre a floresta e você, a terra e você, o céu e você, o rio e você. Muda a sua relação com o tempo, é muito diferente do que acontece com nosso corpo na cidade. São duas experiências de morar, de habitação, que afetam o nosso corpo, embora de modos muito diferentes.

Estar no meio do mato me dá uma tranquilidade possível muito maior do que na cidade, uma paz possível mais dificilmente reversível do que a da cidade. Como minha vida é muito ler, escrever, estudar, o fato de estar no mato me dá uma espessura de tempo outra, diversa da do tempo urbano. No mato, o tempo é mais arcaico, mais espesso, você faz um monte de coisas e o tempo não passa, o dia não acaba. Essa lentidão que eu experimento lá, do modo como eu vivo lá, faz com que eu me sinta muito bem. Sobretudo quando isso está articulado ao amor, a uma solidão a dois. Sozinho seria outra experiência, muito mais difícil, mas a experiência de uma solidão a dois é algo muito lindo. É uma grande sorte da minha vida ter esse sítio lá.

E, claro, esse lugar foi para a poesia também. Já há muito tempo, já nos primeiros livros, tenho alguns poemas chamados "Vale do Socavão". Isso foi aparecendo naturalmente, até que mais recentemente fiz vários poemas "Vale do Socavão". Por exemplo, em meu livro "Para que poetas em tempos de terrorismos?", tem essa duplicidade explícita: por um lado, um livro hiper-urbano, político, sobre nosso tempo, esse burburinho todo e, ao mesmo tempo, esse outro lugar, onde um lagarto está deitado perto de mim e ele me olha. Uma outra política. Foi nesse momento que eu resolvi não enumerar mais os poemas do Vale do Socavão. Antes eram enumerados, entre os livros mesmos. Mas dessa vez eu não os enumerei, é só o nome, "Vale do Socavão".

Esse nome para mim é tão maravilhoso. "Socavão". Tem "oco", "cava", "vão", é uma palavra que se abre toda, mostra a falta, o vão, a porosidade... uma palavra pouco usada em nosso vocabulário, apesar de ser linda, porque o que ela diz não é conhecido pelas pessoas da cidade. Mas o Guimarães Rosa, que conhecia tudo, a usou cinco ou seis vezes em "Grande Sertão: Veredas", inclusive a transformou em verbo: "socavar", essa genialidade do Guimarães Rosa. Tem um poema de que eu gosto muito, do "Vale do Socavão", onde falo dos usos do Rosa, parto dos usos dele dessa palavra para depois chegar a falar o que é o socavão, que literalmente quer dizer essas bacias – esses vãos, esses ocos, esses cavos – debaixo da terra, de maneira que na montanha, quando chove, a água da chuva bate na terra e atravessa a terra, cai nessas bacias, nesses vãos, nesses ocos, que são chamados de socavão. Como é montanha, esses vãos descem, a água obviamente desce junto nesses vãos debaixo da superfície montanha. Quando ela encontra uma saída, se faz a nascente, a fonte. Então, eu fiquei brincando durante muito tempo com essa ideia, gosto muito dela.

Fonte é uma imagem muito usada pela história da poesia, um *topos* da poesia. O socavão é a fonte da fonte: é anterior à fonte! Ao mesmo tempo, ele não pode ser a fonte enquanto imagem de origem, pois a água dele não é gerada por ele mesmo, a água vem de fora, da chuva! O socavão está pelo meio então, não pode ser a origem, à revelia da fonte como imagem da origem que a poesia e a filosofia tanto usaram, enquanto o momento originário... O socavão traz isso tudo, mostrando que tudo está mesmo é pelo meio.

E o socavão é o fim da chuva também! Ele é um ponto no ciclo, um nó central, pois se a chuva é o fim do ciclo do outro lado da fonte, ele seria o fim da chuva.

É, exatamente.

Nesse processo da solidão a dois, vem surgindo outro desguarnecimento, que já estava presente em seus "arranjos", mas que ganha outro corpo agora, que é o da autoria. Você tem feito poemas a quatro mãos, quebrando a autoria na poesia, um lugar onde ela continua tão forte. Porque, à revelia do que ocorre na cultura, no pensamento cultural, onde a autoria vem se diluindo em diversas pontes, na música com os remixes, nas artes visuais com os coletivos, na poesia temos quase que um fetiche da autoria. E você vem quebrando isso em sua obra. Como vê isso?

Essa pergunta me provoca muito, é muito boa. É uma colocação complexa. Acho que a questão da rigidez na autoria é muito mais de uma certa leitura, de uma certa assunção, de uma imagem que fazem dos poetas... Eu sempre acho que o poeta é permeado por uma multidão, por inúmeros, por outros. A questão da autoria do poeta já é inteiramente cindida. Nós somos atravessados por muitos poetas e por muitos que não são poetas. Eles nos atravessam, nos provocam, nós falamos com eles, desde eles, atravessados por eles. Você está ali no verso e é atravessado, você inventa um outro, a partir dessas múltiplas vozes que aparecem nos livros. Só hoje eu citei Kaváfis, Jabès, Eliot, Leonardo Fróes, Manoel de Barros, Loanda, a Dani, a Adelaide, Heráclito, Empédocles, poderia citar Platão, Montaigne etc. Poderia ter citado Davi Kopenawa, Roberto Corrêa dos Santos...

Isso tudo levanta a questão: como ser autor no sentido unitário da palavra diante dessa situação? A autoria enquanto questão possui um caráter muito mais jurídico do que propriamente poético. É uma situação que se fortalece ali pelos séculos XVIII, XIX, como questão de autoridade, de autoria/autoridade, onde o autor jurídico detém os direitos autorais... Isso acabou permeando o senso comum sobre o poeta, diferente do que os poetas pensam, porque na realidade os poetas sempre disseram que a poesia vem de fora. Platão foi o primeiro a falar que o poeta é fora de si, Homero com a Musa, Keats quando fala que o poeta é sem identidade, sem personalidade, Rimbaud quando fala que eu é um outro, Pessoa com seus heterônimos, Mário de Andrade dizendo que eu sou trezentos, eu sou trezentos e cinquenta... Os poetas sempre tiveram essa noção muito forte de que eles não formam um sujeito, pelo menos enquanto poetas. Pelo menos enquanto estão fazendo poesia, lidando poeticamente com as coisas.

Agora, é claro que também dessa multidão toda que está em nós, desses encontros, acaba surgindo alguma coisa em nós que nos confere uma assinatura, uma singularidade de uma voz...

ou de um gesto...

... ou de um gesto! Esse encontro com a Dani, com a Danielle Magalhães, foi e continua sendo um encontro fortíssimo, tendo sido atravessado pela poesia. Foi atravessado pela realização de um poema imprevisível a quatro mãos, mediado pela internet. Foi uma experiência muito incrível, porque foi um nascimento de um poema onde eu tive que ir para uma dicção que eu imagino ter relação com a voz dela; e vice-versa! Então é um poema de um desguarnecimento total das fronteiras. Eu teria que fazer muito esforço hoje para recuperar o que foi o que eu escrevi e o que foi o que ela escreveu, porque parece de fato que não foi escrito nem por ela, nem por mim, separadamente. Nem quero fazer esse esforço. Parece que foi um desguarnecimento muito forte dos dois ali no poema. Foi a única experiência que eu tive na vida de um poema a quatro mãos, de forma bem-sucedida, em um poema longo. Ainda tem mais um em segredo, que estamos guardando... é diferente do modo de composição desse que estamos falando, do "Em Off", onde um escrevia um pouco, mandava pro outro, o outro continuava, entrando durante um roldão de dias numa experiência de fato única em minha vida. E totalmente determinante no que veio a acontecer depois.

SOBRE O AUTOR

Alberto Pucheu nasceu no Rio de Janeiro em 1966 e é poeta, ensaísta e professor de Teoria Literária da Faculdade de Letras da Universidade Federal do Rio de Janeiro. É autor dos livros de ensaios *Pelo colorido, para além do cinzento* (2007), *apoesia contemporânea* (2014) e *Que porra é essa, poesia?* (2018), entre outros. Organizou os livros *Poesia(e) Filosofia: por poetas-filósofos em atuação no Brasil* (1998) e *Nove abraços no inapreensível: filosofia e arte em Giorgio Agamben* (2008), entre outros. Editou o blog "O cuidado da poesia: poemas do e para o nosso tempo" e a revista-antologia *Poemas para ler antes das notícias* (2019), na Revista *Cult*.

Depósito Legal nº 432777/17

Impressão:
Europress – Indústria Gráfica
Rua João Saraiva, nº10-A *
1700-249 Lisboa
geral@europress.pt
www.europress.pt

www.ingramcontent.com/pod-product-compliance
Lightning Source LLC
LaVergne TN
LVHW051935220826
846093LV00018B/554